Ökonomien der Zukunft

Stefan
Klein

Die Ökonomie des Glücks

Warum unsere Gesellschaft neue Ziele braucht

NP
&I

Inhalt

Unzufriedenheit ist der Sprengsatz unserer Zeit. Obwohl die Menschen in den entwickelten Ländern einen nie da gewesenen Lebensstandard erreicht haben, obwohl sie historisch einmalige Rechte und Freiheiten genießen, obwohl sie Krieg und Gewalt fast nur noch aus den Nachrichten kennen, sind sie verbittert. Und aus ihrer Enttäuschung heraus sind immer mehr Menschen bereit, alles, was unsere Demokratien erreicht haben, infrage zu stellen.

Nur noch die Hälfte aller jungen Europäer hält Demokratie für die beste Staatsform.[1] In Frankreich, Italien und Polen lehnte im Jahr 2017 bereits eine Mehrheit der Menschen unter 26 die Demokratie ab. Und nur noch ein knappes Drittel der Niederländer, Briten und US-Amerikaner unter 30 hält es für wesentlich, in einer Demokratie zu leben.[2] Wenn unsere Gesellschaft weiter so bestehen soll, wie sie derzeit ist, brauchen wir eine Neuorientierung.

Unzufriedenheit nährt die Kräfte des Zerfalls. Plötzlich haben diese Kräfte selbst Länder erfasst, die als die stabilsten überhaupt angesehen wurden. Sie wirken sogar vor allem dort. Wer hätte sich noch vor fünf Jahren die heutige Welt vorstellen können? Niemand erwartete ernsthaft, dass rechtsextreme Abgeordnete als Vertreter der größten Oppositionspartei in den Bundestag einziehen und die Agenda der bürgerlichen Parteien bestimmen würden. Dass ein Milliardär ohne jede politische Erfahrung, der auf seinen Wahlversammlungen Schlägereien anheizt und potenziell gefährlichen Personen Schweigegelder auszahlen lässt, die Macht im Weißen Haus übernimmt, galt als ungefähr so wahrscheinlich wie der Zusammenstoß der Erde mit einem Asteroiden. Nur notorische Schwarzseher sahen voraus, dass Rechtsradikale in Italien Regierungsverantwortung tragen und dass sich eine Mehrheit der Briten für den Bruch mit der Europäischen Union aussprechen würden. Und undenkbar erschien es, dass unsere östlichen Nachbarn, die der friedlichen Revolution von 1989 den Weg bereiteten, freiwillig die in dieser Revolution erkämpften Freiheiten aufgeben würden. Mit Zustimmung der Bevölkerungsmehrheit setzten die Regierungen Polens und Ungarns das liberale System außer Kraft.

Weniger sichtbar, aber nicht minder besorgniserregend, verschiebt sich das Gefühlsleben der Menschen. Von Jahr zu Jahr erliegen in Deutschland wie in allen Industrieländern mehr Frauen und Männer schweren Depressionen. Noch stärker sind Jugendliche und junge Erwachsene betroffen. Sie leben heute mit einem dreimal höheren Risiko, diesem Leiden zu erliegen, als noch vor zehn Jahren. Schwere Depressionen werden in 20 Jahren Frauen mehr zusetzen als jede andere körperliche oder seelische Krankheit. Unter Männern werden einzig Herz- und Kreislaufleiden noch mehr Verheerung anrichten. So sagt es die Weltgesundheitsorganisation voraus. Die Depression droht zu einer Pest des 21. Jahrhunderts zu werden.[3]

Das krankhafte Unglück breitet sich buchstäblich wie ein Seuchenzug aus. Menschen stecken einander nämlich mit ihrer Niedergeschlagenheit an.[4] Und wie die Pest im Mittelalter, so können Depressionen nicht nur einen Menschen zugrunde richten, sie verändern auch die Gesellschaft. Nach amerikanischen Schätzungen kosteten Depressionen die Wirtschaft des Landes im Jahr 2015 mindestens 210 Milliarden Dollar, mit zweistelligen Steigerungsraten. Der größte Teil der Frühverrentungen in Deutschland geht auf ihr Konto. Wer ernsthaft an einer Depression erkrankt ist, zieht sich völlig zurück. Die krankhaft niedergeschlagene Stimmung bewirkt, dass immer mehr Menschen die eigenen Belange und die Bedürfnisse anderer gleichgültig werden. In aller Stille zerstören Depressionen den Zusammenhalt in der Gesellschaft.[5]

Lebenslügen rechts und links

Wie lässt sich diese Misere erklären? Es gibt eine politisch linke und eine politisch rechte Lesart der Lage. Wer sich links verortet, führt den Zerfall der Gemeinschaft und die Niedergeschlagenheit der Einzelnen vor allem auf die wachsende Ungleichheit zurück. Demnach sind die weniger gebildeten und weniger gutverdienenden Bürger vom allgemeinen Fortschritt abgehängt worden und fühlen sich ausgegrenzt. Daraus erwüchsen einerseits Wut, andererseits Gefühle von Ohnmacht. Tatsächlich stimmen Menschen umso häufiger für Protestparteien, je niedriger sie sich selbst in der Hackordnung sehen. Erst recht geht das Risiko, an Depressionen zu leiden, mit dem sozialen Gefälle einher.[6]

Konservative dagegen beklagen generell zu viele Veränderungen in zu kurzer Zeit. Digitalisierung, Globalisierung, neue Rollen der Geschlechter, Einwanderung, und das alles binnen weniger Jahre, würden viele Menschen schlicht überfordern, auch ängstigen. Diese Bürger würden sich in ihrer Verunsicherung nicht gehört fühlen und seien empfänglich, wenn Politiker ihnen versprechen, mit eiserner Hand für übersichtliche Zustände zu sorgen.

Beide Diagnosen klingen plausibel. Einerseits weitet sich die Kluft zwischen den Lebenschancen in Deutschland, wie in allen entwickelten Ländern. Die Ungleichheit der Lebenseinkommen in Deutschland hat sich während der letzten 40 Jahre verdoppelt. Wer nicht über eine gute Ausbildung verfügt, hat immer weniger Aussichten, in seiner Arbeit Anerkennung, geschweige denn so etwas wie Erfüllung zu finden. Er muss mit einem einsamen Job als ewig freundliche

Stimme in einem Callcenter vorliebnehmen oder sich im Lager eines Onlineversenders vom Computer von Regal zu Regal hetzen lassen. Dafür sieht er dann am Monatsende kaum mehr als den Mindestlohn – bis ein Roboter seinen Job übernimmt. Ein Heiliger, wer da nicht verbittert.[7]

Andererseits weisen die Konservativen zu Recht darauf hin, dass längst nicht nur Menschen ganz unten an ihrem Staat zweifeln. Weder frustrierte Bergarbeiter noch die Arbeitslosen der siechen Stahlindustrie brachten Donald Trump an die Macht, eine Mehrheit erreichte der jetzige Präsident nur unter Wählern mit einem Jahreseinkommen von 50.000 Dollar und mehr. Die Ärmeren wählten Hillary Clinton. Auch die neuen rechten Parteien Europas finden regen Zuspruch unter Frauen und Männern, die von ihren Gehältern bequem leben. Diese Menschen treibt ein Unwohlsein um, das sich keineswegs aus Sorgen ums Geld speist.

Offenbar erfassen die linke wie die rechte Deutung bestenfalls einen Teil der Realität. Um zu erkennen, wie eingeschränkt beide Weltsichten sind, muss man sich nur ein wenig jenseits der deutschen Landesgrenzen und in der Geschichte der vergangenen Jahrzehnte umsehen. Die Schweiz beispielsweise macht wahrlich nicht durch soziale Konflikte, wirtschaftliche Not oder Unsicherheit von sich reden. Das Einkommen pro Kopf ist fast doppelt so hoch wie in Deutschland, die Ungleichheit moderat. Die 8,4 Millionen Schweizer haben auch wenig Grund, sich vor Verbrechen zu fürchten. Im Jahr 2015 zählte man zwischen Bodensee und Genfersee ganze 41 Morde. Es leben viele Ausländer im Land, aber bei einer Arbeitslosenquote von unter drei Prozent läuft niemand Gefahr, durch billige Einwanderer seinen Job zu verlieren. Es gibt auch keine überhebliche Politikerkaste, die sich über den Willen der Bürger hinwegsetzt. Das sprichwörtlich vorsichtige Schweizervolk kann die Machthaber jederzeit per Volksabstimmung zur Rechenschaft ziehen – und macht regelmäßig jedem, der überstürzte Veränderung fordert, einen Strich durch die Rechnung. In Bern fahren die Bundesräte, wie die Regierungsmitglieder heißen, Straßenbahn.

Kurz, das Land ist so reich und sicher, stabil und proper, wie ein Land überhaupt sein kann. Dennoch ging eine rechtspopulistische Partei, deren Positionen sich marginal von denen der AfD unterscheiden, in allen Parlamentswahlen seit 2003 als stärkste Gruppierung hervor. Fast ein Drittel der Wähler entscheiden sich inzwischen für die SVP. Der Erfolg der Schweizer Volkspartei ist umso bemerkenswerter, als deren scheinbar unaufhaltsamer Aufstieg schon 1991 begann – also lange bevor Digitalisierung, raffgierige Manager und Flüchtlingskrisen die Gemüter erregten. Auch in Österreich und Frankreich, Belgien und Dänemark erstarkten damals bereits die rechtsnationalen Parteien.

Und in Deutschland? Schon 1998 wies der Berliner Politikwissenschaftler Richard Stöss in einer viel zu wenig beachteten Studie eine enorme Unzufriedenheit nach.[8] Stöss stützte sich auf die Aussagen von mehr als 3700 repräsentativ ausgewählten Frauen und Männern. Zwei Drittel der Befragten zeigten sich enttäuscht von der Demokratie. Ein Drittel der Westdeutschen und die Hälfte der Ostdeutschen waren sogar bereit, das ganze System aufzugeben. »Der Frust ist riesengroß«, warnte Stöss. Verdrossenheit stellte er bei Arm und Reich, bei arbeitslosen Hilfsarbeitern und Professoren, vor allem aber unter traditionellen Arbeitern fest. Von den enttäuschten Menschen, die für den Wohlstand der Gesellschaft geschwitzt hatten, hörte Stöss schon damals die Sätze, die heute aus jeder Talkshow mit einem AfD-Politiker tönen: Man fürchtete, seinen Wohlstand mit anderen Nationen teilen zu müssen; sehnte sich ein starkes Deutschland mit einer starken Führung herbei; lehnte Ausländer ab. Aus seiner Erhebung bezifferte Stöss die Wahlbereitschaft für eine rechtsextreme Partei vorsichtig auf deutschlandweit acht Prozent.

Das war fünf Jahre, bevor die Hartz-Reformen die traditionellen Arbeiter gegen die Sozialdemokratie aufbrachten, und mehr als 15 Jahre, bevor Hunderttausende aus Syrien und Afghanistan Geflüchtete ins Land kamen. Das Wort »Browser« hatten die meisten Deutschen 1998 noch nicht einmal gehört. Dass das Internet ihr Leben verändern könnte, ahnten sie erst, als ein Jahr später Boris Becker in einem legendären Werbespot staunte: »Ich bin drin.«

Kontinent der Pessimisten

Nicht erst der Abbau des Sozialstaats, Migration oder Digitalisierung brachten Millionen Menschen von ihrem Glauben an den liberalen Staat ab. Diese Entwicklungen markieren allenfalls die letzten Stationen einer langen Entfremdung. Die Ursachen liegen, wie in jeder Trennungsgeschichte, viel tiefer.

Aufschlussreich ist ein Blick in die European Social Survey, eine Umfrage, die alle zwei Jahre die Stimmung und die Meinungen auf unserem Kontinent erhebt. Unter anderem sollen die Interviewten zu einem Satz Stellung beziehen, der es in sich hat: »Für die meisten Menschen im Land wird das Leben schlechter.« 63 Prozent der befragten Deutschen stimmten bei der letzten Erhebung im Jahr 2012 zu. 18 Prozent vertraten ihren Pessimismus sogar mit besonderem Nachdruck. Dabei war die Wirtschaft in glänzender Verfassung, im Vorjahr der Befragung wuchs sie um satte 3,7 Prozent.

Mit German Angst hat diese Stimmung nichts zu tun – in Großbritannien erwarteten 66, in Frankreich sogar 84 Prozent der Menschen eine düstere Zukunft. Der Pessimismus ist auch keine Momentaufnahme. Als im Jahr 2006, noch vor der Finanzkrise, diese Variable zum ersten Mal abgefragt wurde, meinten sogar 70 Prozent der Deutschen, dass sich das Leben zum Schlechteren entwickle. Auch damals brummte die Wirtschaft.

Inzwischen haben wir erlebt, wie sich die rabenschwarze Stimmung in Wahlentscheidungen übersetzt. Fast 60 Prozent der AfD-Wähler geben an, »Angst vor dem, was kommen wird«, zu haben. Auch 43 Prozent der Anhänger der Linkspartei stimmen zu. Noch ausgeprägter war das Gefälle, als Interviewer im Jahr 2018 die Reaktionen auf die Aussage »Wenn das weitergeht, sehe ich schwarz für Deutschland« testeten. 83 Prozent der AfD-Wähler und 53 Prozent der Wähler der Linkspartei identifizierten sich mit dieser Behauptung.[9] In beiden Fällen meinte ein Drittel der Gesamtbevölkerung, der jeweilige Satz beschreibe die Lage.

Die Untergangsstimmung wundert uns weder, noch erschreckt sie uns. Wir haben uns längst an sie gewöhnt. Wir können dem Hängenlassen der Köpfe sogar etwas Erfreuliches abgewinnen, weil es tröstet. Denn die Hoffnungslosigkeit ist der kleinste gemeinsame Nenner, auf den unsere zunehmend zerrissene Gesellschaft sich einigen kann. Wenn Industrielle, Bildungsbürger und entlassene Kohlearbeiter sich noch auf irgendetwas zu verständigen vermögen, dann darauf, dass wir die besten Zeiten hinter uns haben.

Unsere Gesellschaft hat das Träumen verlernt. Sie ist bitter geworden. Schlimmer noch, wir nehmen den Defätismus nicht mehr als das wahr, was er ist – eine moralische Bankrotterklärung.

Denn kann man sich eine schmerzlichere Ohrfeige für die Politik vorstellen als die gerade genannten Zahlen? Eine überwältigende Mehrheit der Bürger glaubt nicht mehr an eine bessere Zukunft. Sie haben nicht einmal die Hoffnung, dass die Demokratie imstande ist, eine Wende zum Schlechteren zu verhindern. Ihr Vertrauen in das System, in dem sie leben, ist dahin. Die ständig zunehmenden Zweifel des Volkes an der Macht, oft auch am guten Willen ihrer gewählten Vertreter, sind die Leiche im Keller unserer Demokratie.

Zwei Drittel der deutschen Bevölkerung, die eine düstere Zukunft voraussehen, erwarten sich allerdings auch nichts mehr von der Wirtschaft. Jedenfalls bezweifeln sie, dass die Unternehmen in der Summe die Zustände zum besseren ändern. Dabei können nicht einmal die größten Pessimisten bestreiten, dass wir mit der leistungsfähigsten Ökonomie gesegnet sind, die es auf diesem Planeten je gab. Diese Wirtschaft bringt unablässig technischen Fortschritt, neue Produkte und steigenden Wohlstand hervor. Nur verspricht sich die Mehrheit der Deutschen davon kein besseres Leben mehr.

Was könnte das sein, ein besseres Leben? Das ist der Hintersinn der Frage, die die Interviewten in der European

Social Survey zu beantworten hatten: Wenn sie meinen, dass sich das Leben zum Schlechteren ändert, müssen sie schließlich eine Vorstellung haben, wie ein erstrebenswertes Dasein aussehen würde. Oder anders gefragt: Was eigentlich sollen Politik und Wirtschaft für die Menschen erreichen?

Die mächtigste Zahl der Menschheitsgeschichte

Das 20. Jahrhundert hatte ein Leben in Würde, auch Wohlstand und Aufstieg für alle versprochen. Dies war der Anspruch der westlichen Demokratien: Zweck der Politik sollte nicht länger die Verherrlichung eines Herrschers oder des Vaterlands sein, sondern das Wohl jedes einzelnen Bürgers. Die Mittel waren einerseits Gewaltenteilung und Rechtsstaat, andererseits eine florierende Wirtschaft. Erstere ließen ein Ende der Willkür erhoffen, letztere stellen einen immer weiter steigenden Lebensstandard in Aussicht.

Das Ziel erklärt beispielsweise das Godesberger Programm, mit dem für die deutsche Sozialdemokratie im Jahr 1954 eine neue Epoche begann. Die Grundsätze, mit denen die SPD antrat, Regierungsverantwortung zu übernehmen, prägen nicht nur bis heute diese Partei, sie sind typisch für das Denken in der deutschen und in allen europäischen Nachkriegsdemokratien. Die Vorstellung vom guten Leben, an dem die Gesellschaft sich ausrichten solle, beschreibt die Präambel »als Hoffnung dieser Zeit«. Diese sei, »daß der Mensch im atomaren Zeitalter sein Leben erleichtern, von Sorgen befreien und Wohlstand für alle schaffen kann«.

Jedem Haushalt eine Geschirrspülmaschine, jedem Bürger eine Krankenversicherung, jedem Arbeiter seinen Mercedes! So sehen die goldenen Zeiten aus, die fast gleichlautend Politiker aller Couleur ihren Wählern verhießen und noch immer verheißen. Kaum zufällig füllt die Wirtschaftspolitik unter allen Ressorts die weitaus meisten Seiten im Godesberger Programm. Für Begriffsstutzige erklären die ersten Sätze dieser Passagen noch einmal überdeutlich, worum es geht: »Ziel sozialdemokratischer Wirtschaftspolitik ist stetig wachsender Wohlstand«, zu erreichen durch »stetigen Wirtschaftsaufschwung«.

Dass sich Wohlstand in Wohlbefinden übersetzt, klingt durchaus logisch. Wer mehr Geld in der Tasche hat, kann sich mehr Wünsche erfüllen. Er hat auch mehr Möglichkeiten, das Leben nach seinen Vorstellungen zu gestalten. Und bringt Geld schließlich, richtig eingesetzt, nicht persönliche Freiheit? Mit solchen Argumenten legte die Politik ihre Messlatte: Ihr Anspruch lautet seither, das Wohlbefinden der Bürger durch Wohlstand zu steigern.

Noch etwas sprach für diese Strategie. Bei den meisten Regierungsentscheidungen kann im Nachhinein kein Mensch beweisen, dass sie gut waren. Es fehlen schlicht klare Kriterien dafür, ob beispielsweise sich die Bürger von den Mächtigen gehört fühlen, oder ob sich verschiedene Bevölkerungsgruppen vertragen. Geht es aber um Wohlstand, ist der Maßstab klar. Wenn die Leute jedes Jahr mehr in der Tasche haben: Wer könnte dann noch den Fortschritt bestreiten? Und den Bürgern gefällt es, sich immer schnellere Autos, schönere Häuser, weitere Reisen zu leisten.

Aufzeigen lässt sich der Erfolg sogar an einer einzigen, griffigen Zahl - dem allmonatlich rituell in den Fernsehnachrichten verkündeten Wirtschaftswachstum. Die prozentuale Veränderung des Bruttoinlandsprodukts wurde in den Nachkriegsjahren in Deutschland wie in allen Industrieländern die Trophäe der Politik. Und das ist die Ziffer vor dem Komma bis heute geblieben. Das Bruttoinlandsprodukt entwickelte sich, wie der Berliner Politologe Philipp Lepenies es ausdrückt, zur »mächtigsten Zahl in der Menschheitsgeschichte«.[10]

Nicht, dass der jährliche Geldertrag einer Volkswirtschaft - nichts anderes ist das Bruttoinlandsprodukt - und sein Wachstum unwichtig wären. Es bedeutet für ein Land dasselbe wie für ein Ehepaar die Summe der Einkommen beider Partner: Das Bruttoinlandsprodukt misst den Zufluss in die Haushaltskasse, der zu verteilen steht. Wer mehr erwirtschaftet, kann sich nicht nur mehr Wünsche erfüllen, sondern auch mehr für Ziele wie Gesundheit, Bildung und Kultur ausgeben, die das Leben langfristig lebenswert machen.

Allerdings sind dem Konzept schon in einer eng ökonomischen Betrachtung Grenzen gesetzt. Keineswegs alles, was Menschen füreinander tun, lässt sich schließlich in Euro und Dollar berechnen. Wie etwa wäre es zu bewerten, wenn unsere Ehepartner Abende lang sich gegenseitig ihre Bürosorgen anhören und mit gutem Zuspruch einander bei der Stange halten, damit sie den Stumpfsinn ihrer Arbeit ertragen? Sollten die geleisteten Tröstungen nicht in die Gesamtrechnung eingehen, weil es ohne sie gar kein Einkommen gäbe?

Das Bruttoinlandsprodukt hat den gleichen Defekt. Es ist blind für alle Leistungen, die nicht in Geld zu messen sind.

Wenn eine Person ihren gebrechlichen Schwiegervater pflegt, trägt sie nicht zum Wirtschaftswachstum bei. Sehr wohl aber steigert das Bruttoinlandsprodukt, wer sich beschwipst hinter das Steuer setzt und auf der Autobahn eine Massenkarambolage verursacht, bei der ein Dutzend Menschen verletzt wird und einige sterben. Die Profite der Schrottplätze und Neuwagenverkäufer, die Löhne der Ärzte und Totengräber gehen nämlich sehr wohl ins Kalkül der Statistiker ein.

Das Ende des amerikanischen Traums

Schon der Erfinder des Bruttoinlandsprodukts sah die Fehler seines Konstrukts. Der russisch-amerikanische Ökonom Simon Kuznets, der 1934 das erste »Nationaleinkommen« der Vereinigen Staaten ausrechnete, nannte den Indikator, den er selbst in die Welt gesetzt hatte, »wissenschaftlich unsolide«.

Doch alle Welt stürzte sich darauf, weil die Politik Orientierung wollte und keine bessere hatte. Vor allen anderen Zielen strebt sie seitdem an, das Bruttoinlandsprodukt zu vermehren. Ein solides Wachstum gilt schließlich als Voraussetzung dafür, überhaupt erfolgreich Politik machen zu können. Eine Regierung, die dieses nicht liefert, hat versagt. Bill Clintons berühmte Wahlkampfmaxime brachte das Prinzip auf den Punkt: »It's the economy, stupid.«

Der eher linksliberale Clinton tat sich mit einer kühnen Deregulierung hervor, die es ab 1999 den Banken erlaubte, weit mehr als früher mit riskanten Papieren wie Versicherungen auf Kreditausfall zu handeln. (Auch die gleichzeitige deutsche Regierung Schröder hatte sich die Deregulierung der Banken auf die Fahnen geschrieben.) Die Hoffnung war, dass die Banken wettbewerbsfähiger und dadurch gesamtwirtschaftliche Dynamik freisetzen würden. Und tatsächlich entfachte die entfesselte Wall Street einen Orkan – die Weltfinanzkrise acht Jahre später wäre ohne die Deregulierung undenkbar gewesen.

Clinton sah auch weitgehend tatenlos zu, wie die Ungleichheit zwischen Arm und Reich in den Vereinigten Staaten Ausmaße wie zur Zeit der Rockefellers und Carnegies anzunehmen begann. Wiederum wollte der Präsident unter keinen Umständen ein geringeres Wachstum riskieren, etwa weil die Wohlhabenden oder Unternehmen mehr Steuern zahlen müssen. Er setzte darauf, dass sich die Zufriedenheit der Bürger von selbst einstellen würde, wenn nur die Wirtschaft floriert.

Ob die Rechnung aufging? Die Wirtschaft der Vereinigten Staaten wuchs zwischen 1998 und 2014, gemessen am realen Bruttoinlandsprodukt, um 44 Prozent. Aber im gleichen Zeitraum wurden die Bürger immer unglücklicher. Im Jahr 1998 gefragt, wie sie ihr eigenes Leben auf einer Skala von 1 bis 10 bewerten, lag die durchschnittliche Antwort noch bei 7,7. 15 Jahre später war der Wert auf 7,3 abgesunken, seitdem schwindet die Lebenszufriedenheit in den USA immer schneller. Die letzte veröffentlichte Umfrage aus dem Jahr 2016, unmittelbar vor der Wahl Donald Trumps, ergab eine mittlere Zufriedenheit von nur noch 6,8.[11]

Die Amerikaner fahren heute bessere Autos, bewohnen größere Häuser, leisten sich ausgefallenere Reisen als zur Amtszeit Bill Clintons. Jeder hat Internet, die meisten auch eine Krankenversicherung. Aber die Menschen sagen, ihr Leben sei im Wirtschaftsaufschwung schlechter geworden. Und dahinter steht viel mehr als eine bloße Befindlichkeitsstörung. Denn objektive Daten bestätigen, was der einzelne Amerikaner und die einzelne Amerikanerin fühlen. Von der Epidemie an Depressionen bis zu den Selbstmordraten, die im Jahr 2016 den höchsten Stand seit drei Jahrzehnten erreichten, vom grassierenden Drogenkonsum bis zu den Wahlergebnissen – sie alle sind Indikatoren für eine zutiefst verstörte Gesellschaft. Der amerikanische Traum ist ausgeträumt.

Das chinesische Paradox

Wer nun glaubt, dass es an Amerika, an den Amerikanern oder den Umwälzungen der letzten beiden Jahrzehnte liegt, irrt. Deutschland ist seit den kargen Nachkriegsjahren um mehr als das Fünffache reicher geworden. Um diesen Faktor vervielfachte sich das reale Bruttoinlandsprodukt seit 1954. Und weil der Aufschwung in den ersten Nachkriegsjahrzehnten einigermaßen gleichmäßig allen zugutekam, heißt das: Jeder kann sich heute fünfmal mehr leisten, als die Generationen der Eltern und Großeltern es konnten.

Wie viel zufriedener sind wir als sie? Ebenfalls seit 1954 erhebt das Allensbach-Institut regelmäßig das subjektive Wohlbefinden der Deutschen. Sieht man von geringen Ausschlägen ab, hat es sich überhaupt nicht verändert. Damals wie heute bezeichnen sich fünf Prozent der Deutschen als rundum, 40 Prozent als weitgehend zufrieden. Beide Zahlen entsprechen den Werten von vor mehr als sechs Jahrzehnten, als der durchschnittliche Arbeitnehmer mit 230 Mark netto im Monat nach Hause ging.[12] Selten hat sich eine Hoffnung so spektakulär zerschlagen wie die, dass sich Wirtschaftswachstum in mehr Wohlbefinden auszahlen würde.

In anderen europäischen Ländern zeigt sich derselbe Befund. Dabei sind die Verhältnisse auf unserem Kontinent noch vergleichsweise erfreulich, denn in Europa ging das Wirtschaftswunder an der Zufriedenheit der Menschen nur spurlos vorüber.

Anderswo hat es geschadet. Etwa gelang es, das bettelarme Entwicklungsland China innerhalb zweier Jahrzehnte in die größte Volkswirtschaft der Welt zu verwandeln. Sie haben nun die größten Shoppingmalls auf dem Planeten und Hochgeschwindigkeitszüge, doch die Chinesen sind unglücklicher als zu den Zeiten, in denen sie mit dem Nötigsten auskommen mussten.[13] Auch in Indien stürzte die Lebenszufriedenheit ab, während die Wirtschaft in den letzten Jahren einen rasanten Aufschwung hingelegt hat. Ähnliche Muster lassen sich so hartnäckig weltweit erkennen, dass Ökonomen zähneknirschend den Begriff »unhappy growth« geprägt haben.[14]

Im unglücklichen Wachstum zeigt sich ein Paradox. Zwar ist in Ländern, die bereits wohlhabend sind, kein Zusammenhang zwischen dem mittleren Einkommen und dem subjektiven Wohlbefinden der Bürger erkennbar. Glaubt man den internationalen Vergleichen, so nennen sich die Isländer etwa zufriedener als die Norweger, die doppelt so viel verdienen. Anders verhält es sich in Entwicklungsländern. In sehr armen Ländern nämlich sind die Menschen deutlich unzufriedener als in nur armen. Wenn es am Nötigsten fehlt, dann lässt sich mit etwas mehr Einkommen tatsächlich Wohlbefinden erzeugen.

Wie aber ist dann zu verstehen, dass die Chinesen und Inder zugleich wohlhabender und unglücklicher wurden? Während die Wirtschaft zulegte, veränderte sich die Gesellschaft. Fast überall nahm die Ungleichheit zwischen Arm und Reich zu, weil manche ihr Einkommen viel schneller steigern konnten als andere. So maßen die Bürger ihr eigenes Glück immer stärker am Erfolg jener, die es noch weiter gebracht hatten. Zugleich sank das Vertrauen, das die Menschen in andere und in Institutionen von Staat und Wirtschaft setzten. Denn wo alle sich zu bereichern versuchen, ist jeder sich selbst der Nächste. Vertrauensverlust und die ständigen Vergleiche erzeugen Unzufriedenheit. Und diese überwiegt das Glück, das die Menschen in ärmeren Ländern beispielsweise angesichts einer besseren Gesundheitsversorgung empfinden. So konnte der italienische Ökonom Stefano Bartolini in statistischen Analysen weltweiter Daten nachweisen, dass die Glücksbilanz des Wirtschaftswachstums in der Regel negativ ist. Nicht arm zu sein, zahlt sich in Zufriedenheit aus, reicher zu werden dagegen nicht.

Bartolinis Daten machen auch klar, weshalb die meisten westeuropäischen Länder, anders als beispielsweise die Vereinigten Staaten, lange Zeit wenigstens mit einer Null unter dem Strich davonkamen. Die besser ausgestatteten Sozialsysteme federten bisher die unangenehmsten Folgen des Wachstums ab. Aber wie lange noch?

Auch in Europa ist nicht mehr zu übersehen, welchen Preis wir für unseren Glauben an die Magie des Wirtschaftswachstums bezahlen. Die ökonomische Ungleichheit nimmt auch in der Alten Welt zu, in Deutschland stieg sie von Beginn des Jahrtausends bis zur Finanzkrise 2008 stärker als in fast allen anderen Industrieländern an.[15] Wer Arbeit hat, klagt über immer stärkeren Zeitdruck. Während die Beschäftigten in ihren Berufen geben, was sie irgendwie können, um nur nicht zurückzufallen, finden sie nach Feierabend gerade noch die Kraft, um sich durch die Timeline bei Facebook zu scrollen. Wer dazu noch Kinder großzieht, hat kein Sozialleben mehr. Die Gemeinschaften, die der Generation unserer Eltern Halt gaben, lösen sich auf. Aus den regelmäßigen Treffen einer Kirchengemeinde, einer Gewerkschaft, einer Partei oder auch nur der Nachbarn Bestätigung zu ziehen, ist für die meisten Menschen der jüngeren Generationen undenkbar geworden.

Weil diese Bindungen schleichend zerfallen, entgeht es uns leicht, wo überall der Zusammenhalt erodiert. Welche Veränderung wir durchleben, wird aber sofort offensichtlich, wenn man sich nur einmal Fotos aus den letzten Jahrzehnten ansieht – etwa die Bilder, die Rudolf Holtappel als lebenslanger Chronist des Ruhrgebiets oder Ute und Werner Müller als sensible Beobachter der Menschen in Ostdeutschland aufnahmen. Die Kumpel, die stolz gemeinsam in die Grube einfahren, die bei der Gemüseernte im Kleingarten zusammen stehenden Frauen, die etwas unbeholfene Zärtlichkeit der Nachbarn bei einer Jugendweihe wirken wie Szenen aus einer sehr fernen Epoche. Die Fotos sind aber nur wenige Jahrzehnte alt.

An keinem Ort im Land ging die Expansion der Wirtschaft vorbei. Und so gut wie überall hinterließ sie Spuren der Zerstörung. Dörfer haben sich entvölkert. Aus den Städten verschwanden die kleinen Geschäfte. Ganze Landschaften sind ausgeräumt worden. Wo sich früher zwischen Hecken und blühenden Weiden Insekten und Vögel tummelten, erstrecken sich heute Einkaufszentren oder einförmige Felder, mit der Giftspritze von allem Leben befreit.

Man muss nicht konservativ sein, um den Verlust zu beklagen. Wir nahmen ihn aber hin, weil wir glaubten, dass Wohlstand uns mehr als entschädigt: Schließlich ist dies die Geschichte, die wir seit den Nachkriegsjahren einander erzählen. Auch die übliche Kritik an den Verhältnissen von links und rechts will an dieser Deutung nicht rütteln, sie führt das immer lautere Unbehagen der Menschen, wie wir gesehen haben, auf andere Gründe zurück.

Nur selten regen sich Zweifel, und nicht zufällig kommen die warnenden Stimmen von herausgehobener Stelle. So wunderte sich der damalige Bundespräsident Horst Köhler schon im Jahr 2009 über eine Welt, in der sich immer mehr Menschen verloren fühlen, obwohl alle sie mitgestalten. In einer bemerkenswerten Rede in der Berliner Elisabethkirche erklärte er das Paradox mit dem blinden Glauben an die selig machenden Kräfte des Wohlstands. »Wir haben uns eingeredet, es gebe einen Königsweg, diese Widersprüche aufzulösen: Wir haben uns eingeredet, permanentes Wirtschaftswachstum sei die Antwort auf alle Fragen. Solange das Bruttoinlandsprodukt wächst, so die Logik, können wir alle Ansprüche finanzieren, die uns so sehr ans Herz gewachsen sind – und zugleich die Kosten dafür aufbringen, dass wir uns auf eine neue Welt einstellen müssen«, sagte Köhler. »Wir können uns nicht mehr hauptsächlich auf wirtschaftliches Wachstum als Problemlöser und Friedensstifter in unseren Gesellschaften verlassen.«

Der gelernte Ökonom Köhler wusste, wovon er sprach. Als Staatssekretär im Finanzministerium war er für die deutsche Wiedervereinigung zuständig, die Asienkrise der späten 1990er Jahre erlebte er in Indonesien, danach führte er den Weltwährungsfonds, die neben der Weltbank bedeutendste Institution internationaler Wirtschaftspolitik. Und er steht mit seiner Kritik nicht allein. Seine Nachfolgerin als Direktorin des Weltwährungsfonds, die Französin Christine Lagarde, zeigte sich im Januar 2016 ratlos darüber, »dass die momentanen Wohlstandsmaße für die neue Zeit nicht mehr so gut geeignet sind und nicht richtig messen, was wirklich passiert«. Prophetische Worte: Wenige Monate später stimmten die Briten für den Austritt aus der EU, gewann Donald Trump gegen alle Erwartungen die Präsidentschaftswahlen der Vereinigten Staaten von Amerika, erstarkten so gut wie überall in Europa rechtspopulistische Parteien.

Unsere Gesellschaft ist an ihren eigenen Ansprüchen gescheitert. Kann man den Menschen ihren Unmut wirklich verdenken?

Die Vermessung des Glücks

Dass Wohlstand Wohlbefinden bedeutet, ist eine der großen Illusionen des an Selbsttäuschungen nicht gerade armen 20. Jahrhunderts. Wir wissen heute, warum diese Gleichung nicht aufgehen kann und nie aufgehen konnte. Zunehmender Reichtum würde die Zufriedenheit nämlich nicht einmal dann steigern, wenn es gelänge, die durch das Wirtschaftswachstum erzeugten Brüche in der Gesellschaft und in der Natur vollständig zu kitten.

Der Grund liegt im menschlichen Wesen. Zum besseren Verständnis müssen wir uns ein wenig damit befassen, wie die guten Gefühle entstehen. Zunächst gilt es, eine Verwirrung zu vermeiden, die unsere Sprache erzeugt. Das deutsche Wort »Glück« meint nämlich zwei vollkommen verschiedene Dinge. Erstens gebrauchen wir es, wenn wir Glück haben, also für ein äußeres Ereignis wie einen Lotteriegewinn. Zum anderen bezeichnet es den inneren Zustand des Glücklich-Seins, wie ihn zum Beispiel Verliebte empfinden. Fast alle anderen Sprachen sind da genauer, sie kennen für »Glück haben« und »glücklich sein« verschiedene Worte. Im Englischen beispielsweise hat »luck« die erste, »happiness« die zweite Bedeutung von Glück. Wer zwischen »Glück haben« und »glücklich sein« nicht sorgsam unterscheidet, muss glauben, dass gewünschte Ereignisse wie ein Sechser im Lotto oder auch nur eine unverhoffte Gehaltserhöhung uns zwangsläufig glücklich, eine Misslichkeit wie ein Unfall oder der Verlust des Arbeitsplatzes uns zwangsläufig unglücklich machen. Doch die Forschung der letzten Jahrzehnte zeigte etwas ganz anderes: Das Glück, das Menschen empfinden, hängt sehr viel weniger als gedacht von dem Glück ab, das sie haben.

Nötig ist auch, zwischen Glück und Zufriedenheit zu unterscheiden. Im Alltag gebrauchen wir beide Worte beinahe austauschbar für einen erfreulichen inneren Zustand. Dass es aber einen Unterschied gibt, war schon den Philosophen der griechischen Antike bewusst. Sie benannten zwei Arten von Wohlbefinden. Das momentane Glück bezeichneten sie als Hedone (ἡδονή), wovon sich das moderne Wort »Hedonismus« ableitet. Hedone ist ein Gefühl, und wie alle Gefühle flüchtig. Andererseits suchten die Philosophen nach den Bedingungen für ein gelingendes Leben. Den dazu gehörigen Geisteszustand nannten sie Eudaimonie (εὐδαιμονία). Eudaimonie ist kein Gefühl, sondern beruht vielmehr auf einem Urteilsvermögen. Wer dieses hat, kann das Richtige tun - so handeln, dass das eigene Leben, nach welchen Maßstäben auch immer, gelingt. Als Ergebnis stellt sich Zufriedenheit ein.

Die moderne neuropsychologische Forschung hat die Unterscheidung in Glück und Zufriedenheit übernommen. Demnach ist Glück ein Gefühl. Wie alle Gefühle entsteht es aus einer Körperreaktion, die uns bewusst wird. Diese Reaktion lässt sich auch objektiv messen: Wenn Menschen Glück empfinden, werden im Gehirn spezielle Hormone ausgeschüttet und bestimmte Zentren aktiv, legt der Pulsschlag zu, steigt die Hauttemperatur, zeigt ihr Gesicht zumindest den Anflug eines Lächelns. Diese Erregungsmuster sind dem Organismus fest einprogrammiert, man findet sie genauso bei Tieren.[16] Sie sind Signale der Natur, die Handlungen anleiten sollen. Negative Emotionen wie Angst dienen dazu, ein Lebewesen vor Risiken zu schützen; die positive Emotion Glück hingegen gibt dem Organismus Hinweise auf einen möglichen Nutzen. Mit Glücksgefühlen also verführt uns die Natur zu vorteilhaftem Verhalten: Wir genießen ein Essen, haben Spaß am Sex, empfinden Wärme in der Gegenwart unserer Freunde. Weil aber Glück, wie jedes Gefühl, ein Signal übermittelt, kann es nicht dauerhaft sein. Glück existiert nur in der Gegenwart.

Mit der Zufriedenheit verhält es sich anders. Sie ist kein Gefühl, sondern ein Konstrukt von Erinnerung und Verstand. Zufriedenheit entsteht, indem wie unsere Lebenssituation bewerten. Dabei spielt die Rückschau auf glückliche und weniger glückliche Momente eine wichtige Rolle, aber auch Vergleiche des Ist-Zustandes mit Erwartungen und mit dem Los anderer. Glück dagegen verhält sich zur Zufriedenheit wie die Szenen eines Kinofilms zu einer Filmkritik, die in wenigen Worten ein Urteil über den Streifen abgibt.

Darum lässt sich Zufriedenheit, anders als Glück, nur messen, indem man Menschen danach befragt. Deswegen bezeichnet die Fachliteratur Zufriedenheit meist als »subjektives Wohlbefinden«. Trotzdem lässt sich die Zufriedenheit zuverlässig bestimmen. Mehr als drei Jahrzehnte der empirischen Sozialforschung haben gezeigt: Menschen antworten auf die Frage nach ihrer Lebenszufriedenheit konsistent. Wenn man eine Person also in kurzer Zeit immer wieder nach ihrer Zufriedenheit fragt, antworten sie jedes Mal ähnlich. Das subjektive Wohlbefinden ändert sich, wenn überhaupt, sehr langsam. Und fast immer lassen sich gute Gründe dafür aufzeigen, wenn ein Mensch mit der Zeit zufriedener oder unzufriedener wird. Auch zeigt die Statistik fast immer einen deutlichen Zusammenhang mit anderen Faktoren, wenn sich eine Gruppe von Befragten zufriedener zeigt als eine andere.

Die weltweit wohl gründlichste Untersuchung dieser Art ist das Sozio-oekonomische Panel. Unter dem Titel *Leben in Deutschland* schwärmen die Interviewer seit 1984 jedes Jahr in allen Bundesländern aus, um immer wieder dieselben Menschen aus 12.000 repräsentativ ausgewählten deutschen Privathaushalten zu befragen. Die Antworten strafen alle Vermutungen Lügen, dass es für die Lebenszufriedenheit in erster Linie auf Einkommen, Beruf, Wohnort, Geschlecht oder irgendeinen der anderen üblichen Verdächtigen ankommt. Die beiden mit Abstand stärksten Korrelationen, die das Sozio-oekonomische Panel aufgedeckt hat, sind nämlich diese: An erster Stelle sind Menschen umso zufriedener, je mehr ihnen am Wohl ihrer Mitmenschen liegt. An zweiter Stelle steigt das subjektive Wohlbefinden in dem Maß, in dem eine Person selbst ihre Arbeitszeit festlegen kann. Die zufriedensten Menschen in Deutschland arbeiten, so viel sie wollen – nicht mehr, nicht weniger. Alle übrigen Einflüsse rangieren weit abgeschlagen dahinter.[17]

Diese Ergebnisse sind keine deutsche Spezialität, sie fanden sich genauso in anderen Kulturen. Die Faktoren, die das Wohlbefinden steigern oder schmälern, hängen offenbar auch kaum davon ab, ob eine Person in Stuttgart, Sydney oder Schanghai lebt. Das »subjektive Wohlbefinden« ist also viel weniger beliebig, als es auf den ersten Blick scheinen mag. Menschen wissen sehr genau, wovon sie reden, wenn man sie nach ihrem Wohlergehen fragt. Ihre Antworten haben gute Gründe – nur sind es meist nicht die Gründe, die wir erwarten.

Wann freut sich ein Buckliger?

Wie hängen Glück und Zufriedenheit zusammen? Je mehr glückliche Momente ein Mensch erlebt, umso zufriedener ist er in der Regel. Und doch sind die zufriedensten Personen nicht zwangsläufig diejenigen, die sich am häufigsten gut fühlen, und umgekehrt. Denn die Zufriedenheit hängt davon ab, wie jemand sein Glück bewertet. Bei solchen Urteilen kommt es oft zu Verzerrungen. Beispielsweise werden negative Erfahrungen in den Erinnerungen fast immer höher als positive gewichtet. Eine Angestellte, die an einem normalen Bürotag siebeneinhalb Stunden lang Spaß an ihrer Tätigkeit hatte, doch ein paar Minuten lang eine unangenehme Kritik ihrer Chefin einstecken musste, wird am Abend kaum über ihre Arbeitsfreude berichten.

Eine besonders interessante Abweichung zwischen Glück und Zufriedenheit fiel Daniel Kahneman auf. Der israelisch-amerikanische Psychologe, der 2002 den Wirtschaftsnobelpreis erhielt, versuchte, sich einen Reim darauf zu machen, dass Menschen mit einem höheren Einkommen zufriedener sind. Der Effekt ist nicht besonders groß – weit geringer als die durch menschliches Miteinander oder freie Arbeitszeitwahl erklärbare Zufriedenheit –, aber immerhin messbar. Er lässt sich in Einkommensklassen feststellen, wird aber nach oben hin immer schwächer. Eine Putzfrau beispielsweise berichtet von einer merklich höheren Lebenszufriedenheit, wenn sich ihr Lohn um 10 Prozent erhöht. Bei einer Oberärztin fällt dieselbe Steigerung kaum ins Gewicht. Die Unterschiede zeigen sich aber nur innerhalb einer Gesellschaft. Gutbezahlte Deutsche sind durchschnittlich zufriedener als Deutsche mit

Putzfrauenlohn, aber Gutverdiener in einem bitterarmen Land wie Malawi können im Mittel sehr wohl zufriedener sein als Mindestlohnempfänger in Deutschland, auch wenn ein Oberarzt in Malawi von 8,50 Euro pro Stunde noch nicht einmal träumt.

Tatsächlich mag es für das subjektive Wohlbefinden nicht einmal darauf ankommen, ob eine Person dem wahrlich exklusiven Kreis der 400 reichsten US-Amerikaner oder dem ostafrikanischen Hirtenvolk der Massai angehört, die traditionell ohne elektrischen Strom, ohne fließendes Wasser in Hütten aus Rinderdung, aber nicht in existenzieller Not leben. Dies legte zumindest eine internationale Vergleichsuntersuchung nahe. Gebeten, ihre Lebenszufriedenheit auf einer Skala von 0 bis 10 zu bewerten, rangierten die Antworten der Multimilliardäre durchschnittlich gerade einmal einen Zehntelpunkt höher als die der Massai. Beide Gruppen übrigens schätzten ihre eigenen Leben genau doppelt so gut ein wie Obdachlose in Kalkutta und Kalifornien die ihren.[18]

Offenbar ist es für die Zufriedenheit nahezu gleichgültig, wie viel eine Person sich leisten kann, solange sie für ihre existenziellen Bedürfnisse wie Nahrung, Wohnung, Gesundheit aufkommen kann. Worum es tatsächlich geht, ist nicht Wohlstand, sondern Status. Allerdings wird in unserer Gesellschaft die soziale Stellung an Einkommen und Vermögen bemessen. Zufrieden ist darum nicht, wer auf großem Fuß lebt. Zufrieden ist, wer auf größerem Fuß lebt als die Menschen in seiner Umgebung.

Unter anderem deswegen konnte die Wiedervereinigung der Lebenszufriedenheit der meisten Ostdeutschen nur schaden. Obwohl sie nun frei waren zu reisen, obwohl sich das durchschnittliche Einkommen in der ehemaligen DDR zwischen 1988 und 1991 fast verdreifachte und sich auch sonst fast alle äußeren Umstände des Lebens zwischen Rügen und dem Erzgebirge besserten, stürzte das subjektive Wohlbefinden ab. Denn mit der Wende hatte sich der Maßstab verschoben: Nicht mehr das im real existierenden Sozialismus Erreichbare definierte ihn, sondern der Westen. Und hinter dem lag man zurück. Wer sich bis dahin glücklich geschätzt hatte, unter Trabifahrern einen Wartburg ergattert zu haben, schielte jetzt auf die neuen Mitbürger aus Nürnberg und Düsseldorf in ihrem Passat.

Menschen sind also zufriedener, wenn sie im Vergleich zu anderen besser dastehen: »Wann freut sich ein Buckliger?«, fragt ein jiddisches Sprichwort. »Wenn er einen noch größeren Buckel sieht.«

Doch Zufriedenheit ist eben nur eine Kategorie des Wohlergehens, Glück eine andere. Macht es auch glücklich, gegenüber anderen im Vorteil zu sein? Erleben also beispielsweise Reiche häufiger und intensiver gute Gefühle als Arme? Dies war die Frage, die den Nobelpreisträger Kahneman umtrieb. Er nahm sich einerseits die subjektive Zufriedenheit vor, die Amerikaner angaben, wenn man sie aufforderte, ein Urteil über ihre Lebenssituation als Ganze zu treffen. Andererseits beschaffte Kahneman sich Daten über das in Echtzeit empfundene Glück. Diese gewinnt man, indem man Menschen immer wieder zu zufällig ausgewählten Tageszeiten beispielsweise mit einer App danach befragt, wie sie sich genau in diesem Moment fühlen. Und hier waren die Unterschiede zwischen Arm und Reich so minimal, dass der Forscher die Abweichungen als statistisch nicht signifikant verwerfen musste. Reiche mögen zufriedener als ihre weniger gutverdienenden Mitbürger sein, glücklicher sind sie nicht.[19]

Deutlich dagegen zeigten sich Zusammenhänge zwischen Wohlstand und negativen Gefühlen, die Kahneman »pervers« nannte: Je höher das Einkommen der eigenen Familie, umso häufiger berichten Menschen davon, in wütender, feindseliger, ängstlicher oder generell unangenehm erregter Stimmung zu sein. Das Problem ist dabei weniger, Geld zu haben, als es zu wollen. Gier und Konkurrenz sind bekanntlich zwei Seiten derselben Medaille, und schon subtile Hinweise auf das eigene Besitzstreben genügen, um Menschen buchstäblich voneinander zu entfernen. In einer Reihe von Versuchen ließ die amerikanische Sozialpsychologin Kathleen Vohs lediglich etwas Monopolygeld in einer Ecke ihres Labors herumliegen oder die Probanden auf Bildschirmschoner blicken, die ein paar Dollarnoten zeigten. Beides führte dazu, dass Teilnehmer weniger bereit waren, mit anderen zusammenzuarbeiten. Zudem äußerten sie weniger Lust, ihre Freizeit mit anderen zu verbringen, und rückten sogar körperlich weiter von ihren Gesprächspartnern ab.[20] So ist das Fazit mehr als ernüchternd: Das Streben nach Geld verwirrt den Verstand – und die Gefühle.

In der hedonistischen Tretmühle

Weshalb allerdings der Besitz von Geld zwar zufriedener macht, aber dennoch ungeeignet ist, die Stimmung von Menschen zu heben, erscheint erklärungsbedürftig. Schließlich ermöglicht Geld ein in vieler Hinsicht objektiv erfreulicheres und – vernünftig eingesetzt – sogar interessanteres Leben. Wer es hat, fährt abends im Taxi nach Hause, während andere noch im Regen auf den Bus warten, kann sich selbst von Unannehmlichkeiten wie dem Putzen seiner Toilette erlösen, an Palmenstränden spazieren, während weniger wohlhabende Zeitgenossen sich im Büro plagen, oder seinen Interessen nachgehen, statt sich von einem Chef schikanieren zu lassen. Sophie Tucker, die legendäre amerikanische Sängerin, brachte es lakonisch auf den Punkt: »Ich war arm, und ich war reich, und ich kann Ihnen sagen: Reich ist besser.«

Recht hat sie. Aus gutem Grund deuten Ökonomen Preise seit jeher als Signale. Je intensiver Menschen sich etwas wünschen, umso tiefer greifen sie dafür in Tasche; woraus folgt, dass umso mehr Sehnsüchte Wirklichkeit werden, je mehr Geld ein Mensch hat.

Sehen wir für einen Moment davon ab, dass Bedürfnisse wie nach Liebe und Anerkennung sich mit Geld schlecht erfüllen lassen, beschränken wir uns auf ersehnte käufliche Dinge. Nun ist Glück, wie alle Emotionen, ebenfalls ein Signal. Es weist darauf hin, dass ein Wunsch sich erfüllen könnte oder schon erfüllt hat. YouTube verdankt der freudigen Erwartung, bald etwas zu besitzen, was man schon lange gern wollte, ein ganzes Genre von oft spektakulär erfolgreichen Filmchen. Vor einem Millionenpublikum zelebrieren Menschen da ihr gerade aktuelles Unboxing. Im ersten Akt ist die Ankunft des Paketmanns zu sehen, im zweiten das Messer, mit dem sich der Beglückte den Karton vornehmen wird. Lange Minuten später steuern die Videos ihren sinnlichen Höhepunkten entgegen: Die Schachtel ist offen, das Verpackungspapier knistert, gelegentlich zerplatzen ein paar Noppen der Schutzfolie mit leisem Knall. Der letzte Akt endlich bringt die Erfüllung. Der Held hat die letzten Schichten überwunden, die ihn noch von seinem iPhone der neuesten Generation, von den Sneakers im avantgardistischen Hip-Hop-Design trennten; selig zeigt er seine Erwerbung der Welt. Und die Welt schaut zu, weil sich Freude bekanntlich verdoppelt, wenn man sie teilt.

Nur hält solche Freude nie lange vor. Warum sie vergehen muss, kaum dass der Karton aufgeschlitzt ist, zeigte der deutsche Neurowissenschaftler Wolfram Schultz in den frühen 1990er Jahren mit einer Reihe von bahnbrechenden Experimenten.[21] Schultz untersuchte damals die Rolle eines Hormons, das im Gehirn aller Säugetiere einerseits Lustgefühle auslöst, andererseits Verhalten verstärkt – Dopamin. Schultz arbeitete mit Makaken. Ihm war aufgefallen, dass in den Köpfen der Äffchen vermehrt Dopamin freigesetzt wird, wenn die Tiere Apfelschnitze, eine Delikatesse, bekamen. Offenbar signalisierte das Hormon, dass den Makaken Gutes geschah.

Erleben Affen auch Vorfreude, wie der Amazon-Kunde, wenn der Paketbote schellt? In einer zweiten Versuchsreihe ließ Schulz die Tiere vorwarnen. Ein Lämpchen kündigte die Mahlzeit an. Anfangs änderte sich nichts. Nach ein paar Runden aber wurde das Dopamin schon freigesetzt, wenn das Licht aufleuchtete, die Affen hatten gelernt. Dafür aber floss nun kein Dopamin mehr, wenn nach ein paar Minuten die Wissenschaftler mit den Apfelschnitzen erschienen. Es war also keineswegs das Essen selbst, sondern die Erwartung, die das lustvolle Signal auslöste – wie der schönste Moment beim Empfang eines Geschenks das Auspacken ist, wie ein Angestellter sich freut, wenn der Vorgesetzte ihm unerwartet eine Gehaltserhöhung verspricht, das Geld aber ungerührt annimmt, wenn es ein paar Monate später regelmäßig auf dem Konto eingeht.

Waren die guten Gefühle der Affen beim Genuss einer Köstlichkeit unwiederbringlich verloren, sobald die Tiere erwarteten, dass man sie verwöhnt? Nicht ganz. In einer dritten Versuchsreihe erschienen Wissenschaftler nach dem Lichtsignal nicht mit dem bekannten Apfel, sondern Rosinen. Sobald die Makaken erkannten, dass diesmal ein noch größerer Wohlgeschmack auf sie zukam, strömte in ihren Köpfen wieder das Dopamin. Aber sobald sie sich an die Rosinen gewöhnt hatten, verschwand auch dieser Impuls. Nur die Überraschung also konnte die freudige Erregung ausgelöst haben, denn nach ein paar Wiederholungen verschwand auch dieser Impuls.

Der Mechanismus, den Schultz entdeckt hat und der bald darauf genauso an Menschen festgestellt wurde, mag widersinnig erscheinen. Schließlich bewirkt er zum einen, dass gute Gefühle niemals von Dauer sein können, zum anderen, dass fortwährend die Ansprüche steigen. Die einzige Art, wie ein an seine täglichen Rosinen gewöhnter Makak sich noch Freude am Essen verschaffen kann, ist, indem er sich Schokolade oder noch größere Leckereien besorgt. Sozialpsychologen haben diesen Mechanismus die »hedonistische Tretmühle« genannt.

Die hedonistische Tretmühle ähnelt nicht nur einer Sucht, in der die Droge allenfalls in ständig höheren Dosen befriedigt – sie ist eine Sucht. Die auf der Wirkung des Dopamins beruhenden Mechanismen, die Schultz an seinen rosinenverrückten Makaken studiert hat, sind Suchtforschern nämlich schon lange bekannt. Es sind genau dieselben Hirnsysteme, die Amok laufen, wenn jemand dem Nikotin, dem Alkohol oder dem Heroin verfällt. Auch der ewige Zirkel Wunsch, Erfüllung, Leere und noch größerer Wunsch ist derselbe. Allein die Auslöser unterscheiden sich: hier die Verlockung der schönen Dinge, dort eine chemische Substanz.

Nicht, dass die verantwortlichen Schaltungen eine Fehlkonstruktion wären. Sie entstanden während der Evolution in einer Natur mit knappen Ressourcen. In einer solchen Welt taten die Tiere, auch unsere menschlichen Urahnen, gut daran, jede Chance auf Futter, jeden möglichen Vorteil zu nutzen. Wer sich im ständigen Konkurrenzkampf mit dem Status quo zufriedengab, setzte sein eigenes Leben und das seiner Nachkommen aufs Spiel. Darum winken Lustgefühle nur dem, der versucht, stets mehr zu erreichen, als er schon hat. Der amerikanische Neuropsychologe Jaak Panksepp, ein weiterer Pionier der Erforschung dieser Zusammenhänge, prägte die schöne Wendung »goad without goal«: Was uns da umtreibe, sei ein Antrieb ohne Ziel.

Übrigens heißt der gerade beschriebene Lust- und Suchtmechanismus in der Literatur noch immer das »Belohnungssystem«. Dahinter steht die völlig irrige Vorstellung, der Organismus bekäme das gerechte Entgelt für seine Mühen in der Währung guter Gefühle erstattet – als ob das Gehirn eine

Buchhaltung wäre. Ein weitaus treffenderer Name wäre »Erwartungssystem«. Denn dem Abtrieb ohne Ziel, der uns nach immer neuen Reizen verlangen lässt, sind persönliche Verdienste in der Vergangenheit völlig egal. Sein einziges Interesse gilt der Zukunft. In den guten Gefühlen, die dieses System uns verschafft, drücken sich keine Löhne, sondern nur unsichere Hoffnungen aus – Erwartungen, die noch dazu ständig steigen und daher nie dauerhaft befriedigt sein können.

Der Suchtkapitalismus

Wir haben das Erwartungssystem zur Grundlage unseres Zusammenlebens gemacht. Sieben Jahrzehnte Wirtschaftsaufschwung seit dem Ende des Zweiten Weltkriegs haben uns an immer neue, immer raffiniertere Reize gewöhnt. Der Drang nach mehr ist uns ein Lebensinhalt geworden. Und die glitzernden Bilder der Werbung, die Selbstdarstellung der Mitmenschen, das Bombardement von höchst erfreulichen Statusupdates im Netz wirken wie Turbolader für den Antrieb ohne Ziel. Wer ständig vor Augen hat, wie glänzend es anderen geht, muss daran glauben, dass die eigene Lage nur unzulänglich sein kann.[22]

Also versucht man, sie zu verbessern. Um sich statt der Apfelschnitze, die niemand mehr sehen will, die Rosinen leisten zu können, die alle anderen schon haben, braucht es Geld, also Arbeit. Und wenn der Lohn der Arbeit gerade nicht reicht? Können sich Wünsche trotzdem erfüllen. Auch das gehört zu den Wundern unserer Gesellschaft: Die Bank hilft jedem gerne mit einem Kredit, solange nur der Name nicht auf der schwarzen Liste der Schufa steht.

Der Schuldner bezahlt für seinen Kredit natürlich mit künftiger Arbeit. Da ihm schließlich sein Lohn jetzt schon nicht ausreicht, wird ihm höchstwahrscheinlich nur eine Möglichkeit bleiben, um seine Verpflichtungen gegenüber der Bank und sich selbst noch den einen oder anderen Wunsch zu erfüllen: Er wird mehr arbeiten müssen. Statt Zeit seinem Lebenspartner und der Familie zu widmen, statt seine Freundschaften zu pflegen, wird er Geld verdienen. Letztlich hat sich der Schuldner sein Haus, sein schönes Auto oder auch seine Fernreisen um den Preis seiner menschlichen Beziehungen geleistet.

Erinnern wir uns aber daran, was das Sozio-oekonomische Panel uns über die Lebenszufriedenheit der Deutschen verraten hat: Das subjektive Wohlbefinden hängt zuallererst vom Verhältnis eines Menschen zu anderen ab, in zweiter Linie davon, weder überarbeitet noch unterbeschäftigt zu sein. Ein repräsentatives Haus, die Automarke oder die unternommenen Reisen dagegen tragen nicht dauerhaft zur Lebenszufriedenheit bei. Indem er sich solche Dinge leistete, dürfte unser Konsument also sein Wohlbefinden kaum erhöht haben, eher hat er es vermindert.[23]

Warum geht jemand ein solches Geschäft ein? Aus demselben Grund, weshalb ein Süchtiger von seiner Droge nicht lassen kann: Das Erwartungssystem stellt ein sofortiges Lustgefühl bei der Wunscherfüllung in Aussicht, die späteren Kosten bleiben außer Betracht. Auf diesem Prinzip beruht der Kapitalismus des 21. Jahrhunderts. Offensichtlich kann ein solches System gar nicht darauf ausgelegt sein, Menschen dauerhaft zufriedenzustellen. Alles, was es zu erzeugen vermag, sind vorübergehende gute Gefühle, die nach ihrem Abklingen das Bedürfnis nach einem stärkeren Reiz wecken.

Die Bank, die so bereitwillig den Kredit ausbezahlt hat, folgt übrigens einem politischen Ziel. Die Mutter aller Banken, die Zentralbank, kurbelt die Nachfrage nach spottbilligen Krediten an, indem sie die Zinsen niedrig hält. Das muss die Zentralbank. Sonst bräche die auf dem Erwartungssystem beruhende Wirtschaft zusammen.

Politik für das Glück

Die liberale Demokratie hat nur dann eine Zukunft, wenn sie sich von einer Wirtschaft löst, die auf Suchterzeugung beruht. Das bedeutet, vom Fetisch des Wirtschaftswachstums als Garanten des guten Lebens Abschied zu nehmen. Anstelle von Luftschlössern braucht die liberale Demokratie ein Versprechen, das an der täglichen Erfahrung der Menschen zu messen ist. Das oberste Ziel, an dem die Politik sich jetzt auszurichten hat, ist das messbare Wohlbefinden der Bürger. Dies ist die Verpflichtung, die die liberale Demokratie jetzt eingehen muss.

Das Wohlbefinden der Menschen zur Maxime politischen und wirtschaftlichen Handelns zu machen, ist ein neues und altes Vorhaben zugleich. Einerseits berief sich schon die amerikanische Unabhängigkeitserklärung auf das Streben der Menschen nach ihrem Glück. Gleich im ersten Satz ihres Manifests aus dem Jahr 1776 erklärten die amerikanischen

Revolutionäre »the pursuit of happiness« zum unabdingbaren Recht jeder Person; dies sei eine »offensichtliche Wahrheit«. Zwei Sätze darauf forderten sie, dass die Regierung das Glück des Volkes »zu bewerkstelligen« habe (»to effect their happiness«). Thomas Jefferson, der dritte amerikanische Präsident und führende Autor der Unabhängigkeitserklärung, bezeichnete »die Sorge um das menschliche Leben und Glück« sogar als »das einzige legitime Ziel einer guten Regierung«.

Die Gründerväter konnten sich auf fast zweitausend Jahre westliche Philosophiegeschichte berufen. Schließlich geht die Meinung, dass Glück das höchste Ziel des Menschen sei, bis auf die Ethik des Aristoteles zurück. Auch die christliche Theologie hatten sie auf ihrer Seite. Augustinus von Hippo, einer der großen Kirchenlehrer des Frühmittelalters, hatte ein ganzes Buch mit dem Titel »Vom glückliches Leben« verfasst. Er war davon überzeugt, dass »alle Menschen in ihrem letzten Ziel übereinstimmen, dem Glück«.

Was immer die antiken und späteren Philosophen als das »Glück« oder das »gute Leben« beschrieben, blieb allerdings vage. Erst vier Jahre nach dem Fanal der Unabhängigkeitserklärung systematisierte der englische Philosoph Jeremy Bentham das Verlangen der Menschen nach Glück. Er verstand unter dem Wort »Glück« ein Überwiegen der angenehmen Empfindungen gegenüber dem Leid. Diese Größe versuchte er, zur Grundlage einer erstrebenswerten Gesellschaft zu machen. Die Gesetze eines Landes seien so zu verfassen, dass einer möglichst großen Zahl Menschen möglichst viel Glück zukomme, forderte er. Benthams Lehre wurde als »Utilitarismus« bekannt.

Jeremy Benthams Beschreibung des Glücks als Summe von Empfindungen erscheint einerseits erfreulich konkret, erst recht, wenn man sie mit unscharfen Definitionen seiner Vorgänger vergleicht. Aber andererseits blieb auch sein Ansatz im Theoretischen stecken. Denn niemand hatte auch nur die leiseste Vorstellung davon, wie man Gefühle einigermaßen objektiv zu fassen bekäme. Wie aber sollte man etwas, über das man sich so schlecht verständigen konnte, zur Grundlage politischer Entscheidungen machen?

So verlegte man sich auf eine überaus krude Lösung, die die Ökonomen vorschlugen. Auch sie hatten sich die Mehrung des Glücks auf ihre Fahnen geschrieben, die Gründerväter der modernen Wirtschaftswissenschaft im 18. und 19. Jahrhundert kamen schließlich aus der Moralphilosophie. Da es unmöglich sei, Glück zu messen, so argumentierten sie, müsse man eben mit den verfügbaren Daten vorliebnehmen. So gewöhnten sie die Gesellschaft daran, das Einkommen einer Person als Stellvertreter für deren Wohlbefinden zu sehen. Wie wir gesehen haben, entspricht diese simple Theorie über menschliche Emotionen und Entscheidungen nicht einmal annähernd der Realität. Die großen Pioniere der Ökonomie waren sich dieser Unzulänglichkeit durchaus bewusst. So beklagte der Brite John Stuart Mill einmal, dass die Menschen »am wenigsten das wollen, was sie am dringendsten bräuchten«. Im Lauf der Zeit gerieten Mills Zweifel immer mehr in Vergessenheit. Wohlstand setzte sich als Maß für Wohlbefinden durch, weil man kein anderes hatte.

Erst mit dem Anbruch des 21. Jahrhunderts änderte sich die Lage grundlegend. Die Hirnforschung kann nun in Echtzeit verfolgen, wie im Kopf die guten Gefühle entstehen, und die Systeme analysieren, die dafür verantwortlich sind. Die Sozialforschung hat gelernt, die richtigen Fragen nach dem subjektiven Wohlbefinden der Menschen zu stellen und durch die Antworten verlässliche Informationen zu gewinnen. Die Sozialpsychologie hat gezeigt, wie ihre Gemeinschaft die Stimmung der Menschen beeinflusst. Kurz, es ist möglich geworden, das momentane Glück und die langfristige Zufriedenheit der Menschen zu messen. Damit verfügen wir erstmals über einen Maßstab, an dem sich Wohlbefinden verlässlich feststellen lässt. An diesen Daten können Politik, Wirtschaft und nicht zuletzt die Bürger sich orientieren. Wohlbefinden ist kein nebulöses Konstrukt mehr, sondern ein immer präziser beschreibbares Ziel, das eine Gesellschaft anstreben kann.

Eine Ökonomie und eine Politik des Glücks sind in Reichweite gerückt. Sie zu verwirklichen heißt, die Fakten ernst zu nehmen und die richtigen Fragen zu stellen. Beide Forderungen klingen harmloser, als sie sind, denn die Frage nach dem Wohlbefinden kehrt die übliche Reihenfolge der Entscheidungsfindung um.

Heute noch steht in sämtlichen Industrieländern der ökonomische Erfolg an vorderster Stelle. Die Regierung prüft jede ihrer Absichten zuerst darauf, wie diese das Wachstum der Volkswirtschaft beeinflussen würde. Zu untersuchen dagegen, ob eine Maßnahme das Wohlbefinden der Bürger eher steigert oder vermindert, sieht die Regierung allenfalls als untergeordnete Aufgabe an. Zwar bestreitet niemand, dass Glück und Lebenszufriedenheit erstrebenswert sind. Doch hartnäckig erachtet man beide als so unscharfe Größen, dass es hoffnungslos sei abzuschätzen, wie sich beispielsweise ein neues Gesetz auf Glück und längerfristiges Wohlbefinden auswirken würde. Die Bürger haben erst die Möglichkeit, Stellung zu nehmen, wenn die Regierung Fakten geschaffen hat. Das Korrektiv der Politik sind die Wahlen, bei denen die Bürger ihrer Zufriedenheit oder Unzufriedenheit mit der Regierung Ausdruck verleihen – mit der bekannten Folge, dass sich immer mehr Menschen für Protestparteien entscheiden.

Unternehmen agieren nach einem ähnlichen Prinzip. Hier sind möglichst hohe Firmengewinne das Ziel, als Korrektiv wirken die Märkte, auf denen sich Käufer und Arbeitskräfte für oder gegen das Unternehmen entscheiden. Milton Friedman, einer der einflussreichsten Ökonomen des 20. Jahrhunderts, formulierte dieses Prinzip in seiner berühmten Doktrin: »Die einzige soziale Verantwortung eines Unternehmens ist, seine Profite zu steigern.«[24]

Auch die Ökonomie des Glücks nimmt Kenngrößen wie Bruttoinlandsprodukt und Unternehmensgewinn ernst. Aber sie setzt diese Faktoren in einen anderen Rahmen als heute noch üblich. Ihr erklärtes langfristiges Ziel ist es schließlich, das messbare Wohlbefinden von Bürgern, Angestellten und Verbrauchern zu steigern. Darum stellt die Ökonomie des Glücks andere Fragen – Fragen, die nicht auf abstrakte Größen wie Einkommen und Umsatz, sondern die unmittelbar auf die Lebensbedingungen der Menschen abzielen. Erst im zweiten Schritt werden die besten Wege zu diesem Ziel diskutiert. Zu klären ist etwa, wie viel Geld verdient werden muss, um den Bestand der Gesellschaft und das Wohlergehen ihrer Mitglieder langfristig zu sichern. Wirtschaftlicher Erfolg ist nur ein Mittel zu diesem Zweck.

Die Wirtschaft geht der Politik bei der Entwicklung einer Ökonomie des Glücks voraus. Nur noch Dinosaurier in den Vorständen glauben an die Friedman-Doktrin. Profit gilt längst nicht mehr als alleinige Zielgröße von Weichenstellungen in Unternehmen. Zunehmend zählt auch das Wohlbefinden der davon betroffenen Menschen zu den Kriterien, an denen Firmen ihr Handeln erklärtermaßen ausrichten wollen. Und da man »das Falsche tut, wenn man nicht das Richtige misst«, wie es der Wirtschaftsnobelpreisträger Joseph Stiglitz in diesem Zusammenhang ausgedrückt hat, haben die ersten Konzerne begonnen, das subjektive Wohlbefinden zunächst ihrer Mitarbeiter systematisch zu messen.

Selbstverständlich treibt sie Eigeninteresse. Von außen stehen Unternehmen zunehmend unter dem Druck einer öffentlichen Meinung, die von der Wirtschaft verlangt, sich an der Lösung gesellschaftlicher Probleme zu beteiligen und nicht deren Ursache zu sein. Auch intern profitiert ein Betrieb, wenn er sich um das Wohlbefinden seiner Mitarbeiter sorgt. Zufriedene Angestellte bleiben dem Unternehmen nicht nur länger erhalten, sie leisten auch mehr. Wie Versuche im Labor und an echten Arbeitsplätzen nachweisen konnten, bringt bessere Stimmung in der Regel Produktivitätszuwächse im zweistelligen Bereich.[25]

In einer ihrer inzwischen klassischen Studien testete die amerikanische Psychologin Alice Isen, wie schnell und wie genau Chirurgen ihre Diagnosen stellen. Sie beauftragte Schauspieler, den nichtsahnenden Ärzten angebliche Symptome zu schildern. In einem ersten Szenario berichteten die

Schauspieler nur ihre Leiden. Im zweiten Szenario dagegen machten sie Ärzten zuerst ein kleines Kompliment oder überreichten ein paar Pralinen, bevor sie zur Sache kamen. Die sich daraus ergebende bessere Stimmung beflügelte die Mediziner in erstaunlichem Maße: Nach kaum halb so vielen Fragen wie im Vergleichsexperiment gelangten die Chirurgen zur richtigen Diagnose. Trotz ihrer leichten Euphorie zeigten die Ärzte keine Anzeichen von Leichtsinn; sie führten die Untersuchung gewissenhaft bis zum Ende durch, allerdings ohne zu neuen Schlüssen zu kommen.

»The brain runs on fun« sagen die Amerikaner zu Recht. Denn so ist das Gehirn organisiert. Dieselben neuronalen Systeme, die gute Gefühle auslösen, machen die Großhirnrinde auch zum Lernen, zum analytischen und zum kreativen Denken bereit.[26] Deswegen wirkt die Stimmung umso stärker auf die Produktivität, je mehr es bei einer Arbeit auf geistige Leistung ankommt. Die rasante Geschwindigkeit, mit der Wissen und Kreativität zu den entscheidenden Produktionsfaktoren werden, hat eine überraschende Folge: Unternehmen müssen sich an den Prinzipien der Ökonomie des Glücks ausrichten, um zu bestehen.

Glück ist profitabel

Allen voran leben die sogenannten Technologieunternehmen von den guten Gefühlen ihrer Leute. Deswegen versuchen sie, ihre Angestellten mit hervorragendem Kantinenessen, Fitnessstudios auf dem Firmengelände, Gratismassagen und unzähligen sozialen Aktivitäten bei Laune zu halten. Der japanische Konzern Hitachi hat sogar elektronische Sensoren für die Emotionen der Angestellten entwickelt. Diese werden am Körper getragen und sollen die Stimmung einer Person in Echtzeit übermitteln; eine künstliche Intelligenz wertet die Daten aus und gibt Empfehlungen für bessere Arbeitsabläufe und Organisationsstrukturen.[27]

Kaum ein Großunternehmen allerdings bemüht sich mit so viel Methode, auch Verve, um das Wohlbefinden seiner Mitarbeiter wie Google. Laszlo Bock, der als Personalchef in den entscheidenden Wachstumsjahren die Kultur des Unternehmens prägte, bezeichnete es als seine Aufgabe, »die Googler glücklich zu machen«.

Google weckt, vor allem in Europa, ungute Assoziationen. Der Konzern gilt als Datenkrake, der sich um die Persönlichkeitsrechte seiner Benutzer kaum schert und mit rüden Methoden die Weltherrschaft im Cyberspace anstrebt. Ein großer Teil dieser Kritik ist berechtigt. Tatsächlich hat Google nie offengelegt, wie genau es das enorme Wissen über seine Benutzer verwertet. Der Konzern hat exzessiv Steuervermeidung betrieben, stellt seine Technologie dem amerikanischen Militär zur Verfügung, wurde von der EU-Kommission mehrfach zu Milliardenstrafen verurteilt, weil er seine marktbeherrschende Stellung ausgenutzt hat. Google verspricht nicht einmal mehr, »nicht böse zu sein«. Im April 2018 hat die Firma das langjährige Motto »Don't be evil« aus ihrem Verhaltenskodex stillschweigend entfernt.

Trotzdem nutzt die überwältigende Mehrheit auch der Europäer den Dienst auf Teufel komm raus. Obwohl es ausgezeichnete Alternativen gibt, schicken die Deutschen

85 Prozent der Suchanfragen von ihren Computern an Google. Bei der Suche von Handys und Tablets aus beträgt der Marktanteil sogar mehr als 98 Prozent. Niemand mehr spricht von den einst dominierenden Suchmaschinen Yahoo, Lycos oder Altavista. Google dagegen hat es geschafft, seinen Markennamen als Verb im Wortschatz unserer Sprache unterzubringen. So zeigt Google heute das klassische Verhalten eines Monopolisten. Das Versagen allerdings liegt auf der Seite der Politik. Die Regierungen der westlichen Länder haben es bisher versäumt, Internetdienstleistungen wirksam zu regulieren, Monopolisten in ihre Schranken zu weisen und für funktionierende Märkte zu sorgen.

Offensichtlich lohnt sich ein Blick auf die Strategien, denen Google seinen Aufstieg verdankt. Den märchenhaften Erfolg führt Block, der langjährige Personalchef, letztlich auf die Stimmung der Menschen im Unternehmen zurück. Quartalsergebnisse oder die Managementstrategie bestimmen aus seiner Sicht nämlich nur kurzfristig die Geschicke einer Firma. Langfristig dagegen komme es viel mehr darauf an, in welchem Maß sich die Angestellten mit ihrem Unternehmen identifizieren.

Um das Wohlbefinden der eigenen Leute zu steigern, stellt Google unablässig Experimente an und erhebt Daten. So hat sich herausgestellt, dass sich die Angestellten über eine Steigerung ihres Monatsgehalts mehr freuen als über einen doppelt so hohen Bonus, der einmalig am Jahresende ausgezahlt wird. Sogar die optimale Wartezeit auf einen Cappuccino in den firmeneigenen Gratis-Cafeterien wurde ermittelt – vier Minuten. Länger macht ungeduldig, kürzer lässt nicht genug Zeit für Plaudereien in der Schlange.

Natürlich weiß »People Operations«, wie Google seine Personalabteilung nennt, wie schnell sich Menschen an eine erfreuliche Kantine und andere Äußerlichkeiten gewöhnen. Viel entscheidender für das Wohlbefinden der Beschäftigten sind die Abläufe in der Arbeit selbst. Daher erhebt eine Großumfrage namens »Googlegeist« jährlich die Stimmung im Konzern und sondiert mit bisweilen selbstquälerischer Beharrlichkeit mögliche Gründe von Unzufriedenheit.

Das Unternehmen versucht, seinen Leuten möglichst viel Selbstbestimmung zu geben. Bekannt wurde eine Regelung, wonach den Googlern 20 Prozent ihrer Arbeitszeit zur freien Verwendung zusteht. Während dieser Stunden können sich die Mitarbeiter Projekten widmen, die sie sich selbst ausgesucht haben. Dieser Praxis, die sich Google vom ebenfalls im Silicon Valley ansässigen Computerhersteller Hewlett Packard abgesehen hat, verdankt das Unternehmen seinen E-Mail-Dienst Gmail und sein einträgliches Werbeprogramm AdSense.

Generell sollen die Angestellten sich möglichst wenig mit Hierarchien herumschlagen müssen, möglichst frei in ihrer Zeiteinteilung sein und sich möglichst wenig Kontrolle ausgesetzt sehen. Auch hier weiß die Firma die Erkenntnisse der Neuropsychologie auf ihrer Seite: Menschen, die sich als Spielball der Macht anderer fühlen, sind einer Stressreaktion ausgesetzt, die ihr subjektives Wohlbefinden und ihre Produktivität mindert.[28]

So haben Manager im Suchmaschinenkonzern nicht die Macht, das ihnen unterstellte Personal einzustellen und zu befördern. Über solche Karrierefragen befinden unabhängige Komitees, in denen sich Mitarbeiter aus verschiedenen

Hierarchiestufen versammeln. Das Unternehmen verspricht sich davon bessere Entscheidungen, die letztlich alle Beteiligten zufriedener stellen.

Aus demselben Grund strebt Google, wenigstens intern, Transparenz an. Die Beschäftigten sollen sich jederzeit über das Handeln des Managements und ihrer Kollegen ein Bild machen können. Und schließlich sieht die große Mehrheit der Googler einen Sinn in ihrer Arbeit, der sie befriedigt. Sie sind davon überzeugt, dass die Angebote des Konzerns dazu beitragen, die Welt zu verbessern.

Google ist ein gewinnorientiertes Unternehmen. Es hat nie beabsichtigt, ein Paradies zu errichten. Und doch bleibt es bei allen berechtigten Vorbehalten mehr als bemerkenswert, mit welcher Entschlossenheit eine Firma die Zufriedenheit ihrer Mitarbeiter in den Fokus zu stellen vermag und mit wie viel Systematik Google diese Priorität verfolgt. Während anderswo das Diktat der Quartalsabschlüsse herrscht, zählen hier subjektives Wohlbefinden und langfristige Ziele. Google hat gezeigt, wie eine Ökonomie des Glücks ökonomisch erfolgreich sein kann.

Ein Dollar ist nicht gleich ein Dollar

Nach der traditionellen Lehre der Ökonomie, die bis heute die Entscheidungen in Politik und in traditionellen Unternehmen bestimmt, dürfte es Google gar nicht mehr geben. Im angespannten Arbeitsmarkt des Silicon Valley hat die Firma nämlich jahrelang schlechter als üblich bezahlt. Bis heute sind die Aufstiegschancen im Suchmaschinenkonzern unterdurchschnittlich.

Folglich hätten die Googler eigentlich scharenweise zur Konkurrenz abwandern müssen. So sagt es die neoklassische Theorie der Wirtschaftswissenschaften voraus, die bis heute die Entscheidungen in Politik und Unternehmen bestimmt. Ihr zufolge entscheiden sich Menschen stets für den größten eigenen Nutzen. Dabei zähle allein das Endergebnis, nicht, wie man dorthin gelange. Jeder vernünftige Angestellte würde sich demnach die Firma aussuchen, die ihm das höchste Gehalt und die beste Karriere verspricht. Entsprechend mache ein Wähler auf der Liste bei der Partei ein Kreuz, die am ehesten seine Interessen vertritt.

Die Theorie, nach der das Ziel alles gilt und der Weg dorthin nichts, klingt durchaus logisch. Nehmen wir eine fähige Programmiererin, die sich zwischen zwei Arbeitgebern entscheiden kann: Der eine bietet ihr ein paar Tausend Euro mehr Jahresgehalt, die andere Firma dagegen Kanuurlaube mit den Kollegen und eine Kantine, in der Kellner Steaks von artgerecht gehaltenen Galloway-Rindern an Gemeinschaftstischen servieren, beides umsonst. Warum also sollte die Umworbene auf das zweite Angebot eingehen? Unterschreibt sie beim Unternehmen, das ihr mehr zahlt, kann sie sich schließlich Sportreisen und teure Restaurants leisten, wann immer ihr danach ist, und außerdem noch eine schöne Summe behalten.

Aber Menschen empfinden und handeln oft keineswegs so, wie es das Lehrbuch der Wirtschaftswissenschaft von ihnen erwartet. Letztlich scheitert die orthodoxe Theorie daran, dass wir soziale Wesen sind. Die Bedürfnisse der Gemeinschaft, die eigenen Bedürfnisse nach Gemeinschaft und die Normen der

Gemeinschaft, die wir verinnerlicht haben, zählen für unsere Entscheidungen. Mitunter gewichten Menschen solche Erwägungen sogar stärker als den eigenen Endnutzen. Was dabei in uns vorgeht, lässt sich erst seit wenigen Jahren systematisch untersuchen. Zu verdanken ist dies der sozialen Neurowissenschaft, einer neuen Disziplin, die studiert, wie die Gehirne von Menschen in Gemeinschaft aufeinander reagieren.

Eine Reihe von Experimenten etwa versuchte zu klären, wie im Miteinander gute Gefühle entstehen. Die Versuchspersonen mussten in unterschiedlichen Szenarien Aufgaben lösen und erhielten dafür Geld gutgeschrieben; dabei vermaßen Wissenschaftler die Aktivität von Hirnzentren, die für Lust und Freude zuständig sind.

Nach der gängigen Lehre sollte es zum Beispiel für die Motivation und die spätere Befriedigung gleichgültig sein, ob Menschen ein Problem allein oder zusammen mit anderen lösen. In den Augen der neoklassischen Ökonomie zählt nur der Profit, den eine Person schlussendlich als Lohn für ihre Mühen heimtragen kann. Aber Experimente führen zu einem ganz anderen Schluss. Wie der amerikanische Neuroanthropologe James Rilling bereits im Jahr 2002 nachweisen konnte, werden bei gleicher Belohnung die Zentren im Gehirn, die für Motivation und gute Gefühle zuständig sind, deutlich stärker aktiviert, wenn Versuchspersonen eine Sache gemeinsam angehen, als wenn jeder für sich tätig wird. Glück ist Gemeinschaft.[29]

Auch kommt es darauf an, wie Menschen ihr Verhältnis auf dem gemeinsamen Weg zu einem Ziel gestalten. In einem anderen Versuch Rillings hatten die Probanden immer wieder die Wahl: Sie konnten kooperieren und dafür eine geringere Belohnung erhalten. Oder sie konnten miteinander in Wettbewerb treten, mit der Aussicht auf höheren Ertrag. Aber nach den Episoden, in denen die Teilnehmer konkurrierten und mehr verdienten, berichteten sie regelmäßig von einer niedrigeren Befriedigung, als wenn sie sich für das Miteinander entschieden. Dementsprechend waren in der kooperativen Variante auch die Hirnregionen für Motivationen und gute Gefühle stärker aktiv. Glück ist Zusammenarbeit.

In einer weiteren Versuchsreihe testeten der amerikanische Neurowissenschaftler Matthew Lieberman und seine Kollegen, was Versuchspersonen glücklicher machte: Bevorzugten sie einen kleinen Gewinn in einer Situation, die sie als fair empfanden – oder freuten sich mehr über eine deutlich größere Summe, wobei sie sich allerdings übervorteilt fühlten?[30] Jedes Mal wurde den Teilnehmern erzählt, der Versuchsleiter habe einer anderen Person Geld geschenkt, mit der Aufgabe, gerecht zu teilen. In einem ersten Szenario erfuhren die Probanden, dass der andere einen Dollar erhalten habe und davon 50 Cent abgeben würde. Im zweiten Szenario hieß es dagegen, dass der Versuchsleiter 22 Dollar ausgelobt, von denen der andere aber 15 Dollar für sich abgezweigt habe. Die Versuchsperson bekam dann sieben Dollar. Trotzdem berichteten die Probanden, die 50 Cent im ersten Szenario hätten sie glücklicher gemacht. Und diese Einschätzung bestätigte sich in den Hirnaktivitäten, die der Wissenschaftler Lieberman aufnehmen ließ. Die Erregung aus den Zentren, die für gute Gefühle verantwortlich sind, und dementsprechend das Glück der Teilnehmer hingen kaum davon ab, wie viel Geld am Ende dabei heraussprang. Euphorie empfanden die Versuchspersonen vielmehr, wenn die Summe gerecht geteilt worden war, andernfalls war ihnen unwohl. Glück ist Fairness.

Gemeinschaft, Kooperation, Gerechtigkeit: Jenseits ihres Wunsches, für sich selbst das Maximum aus einer Situation herauszuholen, werden Menschen von starken sozialen und moralischen Bedürfnissen angetrieben. Die Ökonomie des Glücks nimmt diese Bedürfnisse ernst.

Wenn sich ein Unternehmen auf solche Belange konzentriert, zahlt sich das aus. Firmen, die Menschen und Werte in den Mittelpunkt ihrer Strategie stellen, statt nur abstrakte Umsatzziele zu verfolgen, sind in der Regel ungewöhnlich erfolgreich. Google ist kein einzigartiges Phänomen, wie weltweite Untersuchungen des Finanzwissenschaftlers Alex Edmans zeigten.[31] Der an der London Business School lehrende Forscher nahm sich die Liste »100 Best Companies to Work For« zum Maßstab, in der das *Fortune Magazine* jährlich amerikanische Unternehmen nach Mitarbeiterzufriedenheit, Unternehmenskultur und Sozialleistungen bewertet. Diese Konzerne konnten herausragende Profite ausweisen, schreibt Edmans. Sogar für Investoren lohne es sich, wenn sie sich an Mitarbeiterzufriedenheit, Unternehmenskultur und Sozialleistungen orientieren. Ausgerechnet diese oft als »weich« belächelten Kriterien lieferten nämlich eine der wenigen wirksamen Strategien, um den Aktienindex einer Börse nachhaltig zu schlagen. Edmans rechnet die Rendite eines Anlegers vor, der seit 1984, als das Ranking erstmals veröffentlicht wurde, jährlich die Aktien der gerade aktuellen amerikanischen *Fortune*-Liste gekauft hätte. Aus einem ursprünglichen Einsatz von 10.000 Dollar hätte dieser Investor 230.000 Dollar gemacht. Hätte er sich dagegen im Gesamtmarkt, gemessen am

S&P-500-Index, engagiert, wäre sein Profit nicht einmal halb so groß gewesen.

Ähnliche Relationen entdeckte Edmans in anderen Ländern. Je stärker Talente auf dem Arbeitsmarkt umkämpft waren, umso deutlicher hoben sich die Gewinne der Firmen, die sich besonders um das Wohlbefinden ihrer Mitarbeiter bemühen, von denen der Konkurrenz ab. Gesellschaften können nicht erfolgreich sein, obwohl sie die persönlichen und moralischen Bedürfnisse ihrer Mitglieder achten. Sie sind es, weil sie es tun.

Deutschland, Terra incognita

Während die Avantgarde der Wirtschaft Schritte hin zu einer Ökonomie des Glücks unternimmt, bleibt die Politik ihren alten Zielen verhaftet.

Ein klassischer Konflikt der Wirtschaftspolitik beispielsweise ist der zwischen Arbeitslosigkeit und Inflation: Regierungen müssen entscheiden, ob sie die Beschäftigung hoch oder die Währung stabil halten wollen. Beide Absichten stehen einander entgegen, das Dilemma ist als Phillips-Kurve bekannt. Noch immer geschieht die Festlegung, welchem Ziel man den Vorrang gibt, weitgehend dogmatisch. Sie richtet sich nach der politischen Überzeugung der Partei, die gerade an der Macht ist. Linke streben – koste es, was es wolle – Vollbeschäftigung an; deutsche Konservative dagegen fühlen mit dem Sparer. Sie fürchten Staatsschulden und jedes Zehntelprozent Inflation als Ausgeburten des Teufels. Wenn dafür im eigenen Land oder anderswo in Europa Menschen auf der Straße stehen und in ihrer Unzufriedenheit populistische Bewegungen an die Macht bringen, sind Konservative eher bereit, diesen Preis zu bezahlen.

Eine Ökonomie des Glücks dagegen verhält sich in solchen Konflikten agnostisch. In unserem Beispiel fragt sie zuerst nach den Auswirkungen von Inflation und Arbeitslosigkeit auf das langfristige Wohlbefinden der Bürger. Wer glaubt, dass sich über solche Zusammenhänge nur spekulieren lässt, irrt. So konnten der britische Ökonom Andrew Oswald und seine Kollegen an Beobachtungen in Westeuropa und den USA während der Jahre 1975 bis 1991 nachweisen, dass sowohl die Inflation als auch die Arbeitslosenquote einer Volkswirtschaft die Lebenszufriedenheit drücken.[32] Insofern können sich beide politische Lager bestätigt sehen. Aber Arbeitslosigkeit trübt die Stimmung der Bevölkerung fast doppelt so stark wie Inflation. Genau gesagt: Steigt die Arbeitslosenquote um einen Prozentpunkt, sinkt das durchschnittliche Wohlbefinden so, wie durch um 1,7 Prozentpunkte höhere Inflation. Eine Regierung, die eine möglichst große Zufriedenheit der Bürger anstrebt, behält also beide Größen im Blick; allerdings gewichtet sie in ihrer Entscheidung den Arbeitsmarkt deutlich höher.

Man mag Oswalds Daten als zu ungenau kritisieren. Zwar gelangte der Wissenschaftler zu seinen Ergebnissen, indem er mehr als 264.000 Befragungen von Bürgern aus zwölf europäischen Nationen mit den Wirtschaftsdaten dieser Länder verglich. Aber wie unerträglich Menschen Arbeitslosigkeit empfinden, könnte auch davon abhängen, wie gut abgesichert sie sind. Griechen etwa erhalten nicht nur viel weniger Arbeitslosenunterstützung, sondern haben im Durchschnitt auch weniger auf dem Sparbuch als Mitteleuropäer; darum fürchten sie möglicherweise den Verlust ihres Jobs mehr, die Entwertung ihres Geldes weniger als Deutsche. Eine Ökonomie des Glücks sollte solche Effekte berücksichtigen.

Dieser Einwand trifft zu. Aber er widerlegt nicht die Ökonomie des Glücks. Erstens sind selbst lückenhafte Daten noch immer eine bessere Entscheidungsgrundlage als Dogmen. Wer darauf beharrt, dass Erkenntnisse über Wohlbefinden kein Maßstab seiner ökonomischen Entscheidungen sein können, verhält sich wie ein Kapitän, der sich weigert, in unbekanntem Gewässer auf seine Seekarten zu schauen, weil er diese zu großmaßstäbig findet. Die richtige Antwort auf ungenaue Karten ist nicht die Anmaßung eigenen Wissens. Die Antwort sind genauere Karten.

Zweitens lassen sich bessere Daten beschaffen. Anderswo hat man das begriffen. Pionierarbeit leistete Bhutan, einer der ärmsten Staaten der Welt. Schon 1979 rief der König des Landes im Himalaya das Bruttonationalglück als Entwicklungsziel aus. Seit 2010 werden die Lebenszufriedenheit und die Lebensbedingungen der Menschen in Bhutan mithilfe westlicher Wissenschaftler regelmäßig gemessen.[33] Seither treiben auch Frankreich und Australien die Entwicklung von Indikatoren des Wohlbefindens ihrer Bürger voran.

Führend in der landesweiten und systematischen Erforschung des Wohlbefindens seiner Bürger ist allerdings Großbritannien, dort befragt die nationale Statistikbehörde seit dem Jahr 2012 jährlich 150.000 Menschen nach Lebenszufriedenheit und genauen Lebensumständen. Die Ergebnisse sind, verständlich und detailliert aufbereitet, jederzeit aus dem Internet abrufbar. Und die Behörde treibt großen Aufwand, um die Methodik und die Analyse ihrer Untersuchung ständig zu verbessern.

Nichts dergleichen in Deutschland. Unser Land ruht sich auf den Lorbeeren seines zwanzigmal kleineren Sozio-oekonomischen Panels aus, dessen Daten nur Fachleuten zugänglich sind. Im Übrigen hat man die Erforschung des nationalen Glücks der Deutschen Post Aktiengesellschaft überlassen, die daraus ein PR-Spektakel gemacht hat. Das Unternehmen gibt jährlich mit Getöse einen Glücksatlas heraus, den die Medien fröhlich zitieren. Dem Werk entnehmen wir so possierliche Neuigkeiten wie die, dass Mecklenburg-Vorpommern mit einem Zuwachs an 0,12 Glückspunkten jüngst an Sachsen-Anhalt vorbeiziehen konnte, während Hamburg nach der Überwindung einer Schwächeperiode sich nun wieder mit Schleswig-Holstein ein hartes Glücksrennen um den ersten Platz der Bundesliga des Wohlfühlens liefert: Wer immer schon wusste, dass Seeluft guttut, sieht sich bestätigt. Warum freilich die Hamburger trotz beständig wehender Meereswinde vorübergehend nicht ganz so froh gewesen sein sollen, bleibt ein Geheimnis. Auch sonst erfahren wir beklagenswert wenig darüber, was die von der Post vergebenen und mit einem Kleeblattlogo verzierten Glücksnoten mit den Lebensumständen der Befragten zu tun haben. Es ist Zeit, dass Deutschland sich dem Wohlbefinden seiner Bürger mit Ernsthaftigkeit widmet.

Was würde geschehen, wenn sich ein Land wie Deutschland dem guten Leben seiner Menschen verpflichtet?

Beginnen wir mit einem einfachen und sofort gangbaren Schritt: Die Lebenszufriedenheit der Bürger wird regelmäßig erhoben und, zusammen mit dem Wirtschaftswachstum, in den Fernsehnachrichten verlesen. Wer es genauer wissen möchte, bekommt in seiner Regionalzeitung eine bunte Karte wie die, in denen man nach Wahlen die Ergebnisse in einzelnen Kreisen nachsehen kann. So erfahren die Menschen, wie es um die Zufriedenheit im eigenen Landstrich oder Stadtviertel steht. Im Internet finden sich die Ergebnisse grafisch aufbereitet und in Beziehung zu anderen relevanten Daten gesetzt. Dort ist auch das Wohlergehen verschiedener Gruppen in der Gesellschaft nachzuvollziehen: Wie glücklich sind die Jungen und Alten, die Frauen und Männer, die Armen und Reichen? Wie empfinden die Menschen auf dem Land und in der Stadt, die im Land geborenen und später zugezogenen, wie die Gebildeten und weniger Gebildeten ihr Dasein?

Damit steht das Leben in Deutschland in einem neuen Koordinatensystem. Politik wird fortan nicht mehr nur am Zustand der Wirtschaft bemessen, sondern auch am subjektiven Wohlbefinden der Bürger. Darauf muss die Politik reagieren. Die Pisa-Tests an den Schulen haben gezeigt, wie sehr eine objektive, wiederholte und öffentliche Erhebung Zustände verändern kann, die zuvor jahrzehntelang festgefahren waren.

Noch entscheidender ist eine subtile Botschaft, die die regelmäßige Veröffentlichung sendet: Die Bürger erinnern sich immer wieder daran, dass die Frage nach ihrem eigenen Glück eine wichtige ist – und beginnen, sie sich selbst öfter zu stellen. Dabei helfen die Informationen, mit denen die Medien ihre Lebenszufriedenheitsdaten garnieren, den Menschen, bessere Entscheidungen zu treffen.

Zweifellos also hätte die öffentliche Diskussion über das Glück Folgen. Was sie im Einzelnen bewirken wird, können wir zwar nur vermuten. Doch die reichhaltigen Ergebnisse der Forschung erlauben die gut begründete Prognose, dass das neue Koordinatensystem »Wohlbefinden« seine Wirkungen entlang von vier Achsen zeigen wird. Erstens entwickeln Politik und Wirtschaft im Lauf weniger Jahre neue Entscheidungsprozesse, die dem Einzelnen mehr Mitsprache erlauben. Zweitens bieten sich den Bürgern neue Möglichkeiten der Lebensgestaltung. Drittens investiert die Gesellschaft mehr in die Menschen. Viertens verändern sich die Wertesysteme.

Erste Achse: Selbstbestimmung

Eine Gesellschaft, die Glück zu ihrem Thema macht, muss erstens darüber nachdenken, wie sie ihre Entscheidungen fällt. Wenig ist Menschen so unerträglich wie das Gefühl, nicht Herr der Lage zu sein, darum gehört Selbstbestimmung zu den wichtigsten Determinanten des Wohlbefindens. Der Eindruck, dass Verhältnisse außerhalb der eigenen Kontrolle liegen, löst eine starke Stressreaktion aus – ganz gleich, ob wir uns der Willkür anderer oder anonymer Einflüsse unterzuordnen haben. Dieser Stress trübt die Stimmung und hat auf Dauer verheerende Folgen. Die wiederholte Erfahrung der eigenen Hilflosigkeit kann sogar schwere Depressionen bewirken.[34]

Umgekehrt erklären sich Menschen als umso glücklicher, je umfassender sie imstande sind, selbst zu entscheiden. Selbstbestimmung beginnt im Alltag: Wie eine Studie mit mehr als 11.000 repräsentativ ausgewählten Beschäftigten in den Niederlanden zeigte, hängt deren Zufriedenheit im Job wesentlich davon ab, wie viel Autonomie ihnen gewährt ist. Und je mehr die Anforderungen steigen, umso wichtiger für das Wohlbefinden wird es, seine Arbeit gestalten zu können.[35] Der Effekt ist sogar körperlich messbar. Wer seine Zeit frei einteilen und die eigenen Prioritäten setzen kann, wer das Vertrauen seiner Vorgesetzten und Kollegen genießt, dessen Organismus reagiert bei ansonsten gleichen Belastungen mit weniger Stress.[36]

Unternehmen, die heute schon die Zufriedenheit ihrer Mitarbeiter messen, haben daraus ihre Schlüsse gezogen: Im Idealfall fassen diejenigen Personen Beschlüsse, die von den Folgen betroffen sind. Diese Firmen verlagern also so viel Macht nach unten wie irgendwie möglich. Sie schaffen Strukturen, die es den Beschäftigten erlauben, über die Abläufe im Betrieb selbst zu bestimmen. Eine Voraussetzung dafür ist Transparenz – die nötige Information über die Zusammenhänge im Unternehmen muss zugänglich sein. Damit verändert sich auch die Rolle derer, die Führungsverantwortung tragen: Sie verstehen sich nur noch dann als Entscheider, wenn es unbedingt sein muss. In erster Linie dienen sie als Koordinatoren.

Wir haben gesehen, welche Schritte Unternehmen in diese Richtung tun können. Eine Politik, die sich Lebenszufriedenheit zum Ziel gesetzt hat, wird ebenfalls mit ihren Entscheidungsprozessen experimentieren. Ob Menschen mit positiven oder negativen Gefühlen auf eine Veränderung reagieren, hängt schließlich enorm davon ab, wie es zu dieser Veränderung kam. Ganz unabhängig vom Ergebnis: Wer seine Meinung gehört, seine Vorstellungen berücksichtigt sieht, wird fast immer zufriedener sein, wie uns soziale Neurowissenschaft lehrte. Für das Glück zählt der Weg mehr als das Ziel.

Alois Stutzer und Bruno Frey, zwei Schweizer Ökonomen, haben diese Einsicht im Politikbetrieb ihres Landes eindrucksvoll bestätigt. Sie nutzten aus, dass in der Schweiz 26 politische Systeme nebeneinander existieren, weil die Kantone sehr unterschiedliche Verfassungen haben. In Basel-Land beispielsweise genießen die Bürger äußerst weitgehende Mitspracherechte, und die Schwellen, etwa um einen Volksentscheid zu beantragen, sind niedrig. Der Kanton Genf dagegen ähnelt eher einer parlamentarischen Demokratie wie in Deutschland.

Stutzer und Frey ließen nun 6100 Schweizer nach ihrer Lebenszufriedenheit fragen und verglichen die Antworten mit dem jeweiligen System. Das Resultat: Je größer ihr politischer Einfluss, desto zufriedener erklärten sich die Schweizer mit ihrem Leben. Der Effekt ist so stark, dass ein Umzug von Genf nach Basel-Land das Wohlbefinden stärker hebt als ein Sprung von der niedrigsten in die höchste Einkommensgruppe – dies entspricht einer Gehaltserhöhung von 800 Euro auf 3000 Euro. Seinem Willen Ausdruck verleihen zu können, hebt die Stimmung also weit mehr als der Kontostand. Demokratie macht glücklich.

Das Glück vieler Schweizer hängt keineswegs daran, dass in Kantonen, in denen der Bürgerwille mehr zählt, die

Schulen besser und die Busse pünktlicher wären. Denn unter Ausländern, die von den Früchten einer besseren Verwaltung ebenfalls profitieren, aber kein Stimmrecht haben, steigert direkte Demokratie die Lebenszufriedenheit kaum. Offenbar empfinden es die Menschen als unmittelbar befriedigend, die Geschicke ihres Lebensumfelds selbst bestimmen zu können.

Das heißt nicht, dass ein dem Wohlbefinden seiner Bürger verpflichteter Staat sofort landesweite Referenden einführen wird. Gesellschaften müssen den Umgang mit diesem Instrument über längere Zeit und schrittweise erlernen; geschieht der Übergang von repräsentativer zu direkter Demokratie zu schnell, nutzen Demagogen die Unerfahrenheit der Menschen aus.

Und doch kann Politik nicht allein den Parteien überlassen bleiben, wenn Zufriedenheit erreicht werden soll. Alles spricht dafür, Bürger durch runde Tische, Anhörungen, Onlineplattformen und Abstimmungen über Belange beginnend in ihrem unmittelbaren Lebensumfeld allmählich immer stärker in politische Entscheidungen einzubeziehen. Was heute Mitbestimmung genannt wird, ist allzu oft nur symbolisch. Die Schwellen, sich zu beteiligen, müssen niedrig liegen, die Stimmen der Betroffenen Gewicht bekommen. Partizipation lohnt sich, wie eine Untersuchung der Weltbank in 37 sehr unterschiedlichen Ländern zeigte. Wenn Menschen sich daran beteiligen, die Geschicke ihrer Gemeinschaft zu lenken, identifizieren sie sich stärker mit den Institutionen, sind zufriedener, fällen bessere Entschlüsse. Wer sich gehört weiß, kann kein Wutbürger mehr sein.[37]

Zweite Achse: Lebensoptionen

In ihrer zweiten Wirkung vermehrt die Messung des Glücks die Lebensoptionen. Menschen wollen ihr Dasein nach ihren eigenen Vorstellungen gestalten. Ihr Wohlbefinden wächst, wenn ihnen die Gesellschaft den Raum dazu gibt.

Zu den dringendsten Wünschen in jungen Jahren zählt der Zugang zu einem Beruf nach den eigenen Neigungen, später die Vereinbarkeit von Arbeit, Familie und anderen Interessen. Ältere Menschen wollen ihre Zeit zunehmender Gebrechlichkeit nach den eigenen Bedürfnissen verbringen.

Stattdessen plagen sich Abermillionen in Berufen, die sie nur ergriffen, weil sie anderswo keine Ausbildung bekamen. Als Eltern kurz vor dem Nervenzusammenbruch ringen sie um jede freie Minute. Ergraut vegetieren sie schließlich die immer längeren letzten Jahre in überfüllten Altenstationen dahin. Haben sie jemals gelebt?

Was zu tun steht, ist sattsam bekannt, und die Lösungen lesen sich kaum glamourös. Aber für Abermillionen Menschen ändern sie alles. Schulen, Hochschulen und Ausbildungsbetriebe sind ausreichend zu finanzieren; Lebensarbeitszeitkonten einzurichten; Kinderbetreuung und Unterstützung für Eltern zu organisieren. Pflegekräfte sind zu bezahlen. Dass es an dergleichen in einem der reichsten Länder der Welt mangelt, liegt, so heißt es, am Geld.

Oder liegt es an den Prioritäten, die wir verfolgen? Wenn die Lebenszufriedenheit erklärtermaßen ein Maßstab persönlicher und gesellschaftlicher Entscheidungen wird, ändern sich diese Prioritäten.

Das Maß an sogenannter Wahlfreiheit, das die Bürger empfinden, geht nämlich stärker mit der Lebenszufriedenheit in einem Land einher als jede andere Variable, wie internationale Umfragen zeigen.[38] Der Begriff »Wahlfreiheit«, wohlgemerkt, wird hier nicht so verstanden, dass man sich, wie in manchen amerikanischen Bundesstaaten, unter Hunderten Schnellfeuerwaffen im Laden eine aussuchen kann. Ebenfalls nicht gemeint ist, dass jeder auf der Autobahn nach Herzenslust aufdrehen darf. Gemeint sind – und abgefragt werden – die Optionen, die Menschen in ihrem Leben haben: Können Sie einen Beruf nach Wunsch ergreifen und diesen später gegebenenfalls wechseln? Können Sie sich für oder gegen Kinder und gleichzeitig für oder gegen eine Karriere entscheiden? Steht es Ihnen frei, eine Religion auszuüben, einen Menschen des gleichen Geschlechts zu lieben? Und wer bestimmt, wo Sie Ihr Alter verbringen?

Führend in dieser Disziplin »Wahlfreiheit« sind, wenig überraschend, die entwickelten Demokratien. Die genaue Platzierung eines einzelnen Landes in solchen Rankings sollte man nicht auf die Goldwaage legen. Wie aber Gruppen vergleichbarer Länder abschneiden, hat sehr wohl Aussagekraft. So führen die skandinavischen Länder regelmäßig einerseits die weltweiten Listen des subjektiven Wohlbefindens an. Andererseits schneiden die nordischen Nationen hervorragend in der Bewertung der persönlichen Freiheiten und der Wahlmöglichkeiten ihrer Bürger ab. Betrachtet man alle Nationen der Welt, so zeigt sich zwischen den beiden Größen »Lebenszufriedenheit« und »Wahlfreiheit« ein statistisch enger Zusammenhang. (Deutschland liegt in beiden Kategorien im Mittelfeld der westlichen Länder.)

Dass diese Freiheit, nach den eigenen Wünschen zu leben, nicht unbedingt an besonderen Wohlstand gekoppelt sein muss, zeigt ein kleines mittelamerikanisches Land. Obwohl die Bürger Costa Ricas durchschnittlich gerade einmal über ein Drittel der Kaufkraft der Deutschen verfügen, empfinden sie mehr persönliche Freiheit als die Menschen fast überall sonst auf der Erde.[39]

Auch dieses Ergebnis weit über dem lateinamerikanischen Durchschnitt ist signifikant. Darin spiegelt sich die Geschichte von 150 Jahren fast ununterbrochener Demokratie, die großen Wert auf Menschenrechte und Chancengerechtigkeit legte. Zwei Versuche, in Costa Rica eine Diktatur einzurichten, brachen jeweils nach wenigen Monaten zusammen. Seit den ersten freien Wahlen im Jahr 1869 ist Bildung gratis; als das kleine Land 1949 sein Militär abschaffte, erklärte der Präsident, nun werde »die Armee von Soldaten durch eine Armee von Lehrern ersetzt«. Costa Rica schützt seine Natur auf vorbildliche Weise, hat eines der am weitesten entwickelten Sozialsysteme außerhalb Skandinaviens, und die Netze von Familien, Freundschaften und Nachbarschaften, die Menschen in schwierigen Situationen auffangen, sind noch weitgehend intakt. Im Social Progress Index, einem einflussreichen Ranking, erreicht nur ein einziges Land in der Kategorie »Wahlfreiheit« bessere Werte als Costa Rica – Schweden. Was allerdings die Lebenszufriedenheit angeht, liegt Costa Rica in den meisten Umfragen vorn: Glaubt man seinen Bewohnern, so leben dort die glücklichsten Menschen der Welt.

Wenn sich also Politik an der Lebenszufriedenheit der Jungen und Alten, der Armen und Reichen, der Kinderlosen und Eltern messen lassen muss, wird sie weniger als bisher versuchen, Bürger, die sich benachteiligt fühlen, durch

Entschädigungszahlungen ruhigzustellen. Umverteilung ist unerlässlich, um die Lebensverhältnisse von Arm und Reich nicht zu weit auseinanderfallen zu lassen. Sie sichert den Zusammenhalt der Gesellschaft. Aber wenn sich Umverteilung darauf beschränkt, Geld zu überweisen, schafft sie weder Lebenschancen noch Zufriedenheit. Staatliche Transfers allein steigern das Wohlbefinden nicht.[40]

Sobald die Gesellschaft das Glück ihrer Bürger misst, wird es also das Ziel der Politik sein, Lebenschancen zu schaffen. In der Folge werden sowohl der Einfallsreichtum als auch die Mittel steigen, die die Gesellschaft für Altenpflege, Familien und Bildung aufwendet. Als wirksam hat es sich zudem erwiesen, das Lebensumfeld von benachteiligten Gruppen aufzuwerten; auch in solche Projekte wird neues Geld fließen. In der Währung des Wohlbefindens rentieren solche Investitionen sich glänzend.[41]

Übrigens besteht keine Gefahr, dass die Metrik des Glücks eine Herrschaft der Intoleranz installiert. Das Gegenteil steht zu erwarten: Das subjektive Wohlbefinden in den verschiedenen Ländern geht regelmäßig mit der Bereitschaft der jeweiligen Bevölkerung einher, die Andersdenkenden, Andersgläubigen, Ausländer und Homosexuellen so anzunehmen, wie diese sind.[42] Offenbar spüren die Menschen, auch wenn sie selbst keiner Minderheit angehören, dass Toleranz die Lebensmöglichkeiten aller und damit auch die eigenen Optionen vermehrt. Wer also behauptet, eine Gesellschaft ohne Vielfalt würde die Menschen glücklicher machen, liegt falsch.

Dritte Achse: Investitionen in Menschen

Eine Gesellschaft, die ihren Erfolg am Wohlbefinden ihrer Mitglieder misst, wird mehr in Menschen investieren als heute. Denn es genügt nicht, wenn eine Gesellschaft Möglichkeiten bietet. Die Menschen müssen auch in der Lage sein, ihre Chancen zu nutzen.

Behandelbare, aber nicht behandelte Leiden bewirken, dass ein großer Teil der Bürger eingeschränkt ist. Die in den entwickelten Ländern häufigste Spielart des vermeidbaren Unglücks sind Depressionen. Mehr als sechs Millionen Erwachsene in Deutschland erliegen jedes Jahr einer mittleren bis schweren Form dieser Krankheit, und von Jahr zu Jahr diagnostizieren die Ärzte mehr Fälle.[43] Wirksame Therapien existieren. Durch Psychotherapie oder Medikamente, manchmal auch beides, ist die große Mehrheit selbst schwerer Depressionen zu heilen.

Doch die meisten Depressionen in Deutschland werden niemals behandelt. Nicht einmal 20 Prozent der Betroffenen bekommen die nötige Therapie.[44] Die an schwerer Niedergeschlagenheit Leidenden scheuen sich, Hilfe zu suchen, fühlen sich in einem Gewirr von Angeboten verloren. Die Psychotherapeuten und Psychiater sind überlastet, regelmäßig warten Patienten in Deutschland mehrere Monate, bis die Behandlung beginnt. Dabei ist seit Langem bekannt, wie sehr es bei Depression darauf ankommt, schnell etwas zu tun. Und schließlich sind viele Therapeuten nicht ausreichend qualifiziert, eine Kontrolle des Behandlungserfolgs findet nicht statt.

In der Folge werden die Depressionen chronisch. Die Betroffenen müssen oft jahrelang auf Sparflamme leben, viele tragen sich mit Selbstmordgedanken. In einer reichen Nation wie der unseren erzeugen Depressionen mehr Unglück als Armut, argumentiert der britische Ökonom Richard Layard. Trotzdem wendet die heutige Politik ein Vielfaches dafür auf, um rein wirtschaftliche Benachteiligung zu lindern. Denn eine Welt, die davon besessen ist, Bedürfnisse in Einkommen und Besitz auszudrücken, scheitert daran, sich Gerechtigkeit anders vorzustellen als in Euro und Cent. Sobald aber die Gesellschaft das subjektive Wohlbefinden als Messgröße ernst nimmt, wird sie sich um die Millionen Bürger bemühen, die an krankhafter Niedergeschlagenheit leiden. Und da Menschen mit niedrigem sozialem Status weit überdurchschnittlich oft an Depression leiden, werden sich besonders für sie neue Perspektiven eröffnen. Eine Ökonomie des Glücks hat alles Interesse daran, seelische Krankheiten so professionell zu versorgen wie körperliche Gebrechen.

Die Behandlung psychischer Leiden ist nur ein Beispiel dafür, was es bedeutet, in Menschen zu investieren. Ein zweites Beispiel betrifft die Potenziale älterer Menschen, die heute großenteils ungenutzt sind. Eine Ökonomie des Glücks wird Menschen im letzten Drittel ihres Lebens dabei unterstützen, möglichst lange ihre Fähigkeiten zu erhalten. Und sie wird älteren Bürgern die Möglichkeit geben, zu zeigen, was sie können.

Erziehung ist ein drittes Beispiel dafür, wie eine Ökonomie des Glücks in Menschen investiert. Denn die Grundlagen für späteres Wohlbefinden werden früh im Leben gelegt. Wie die Entwicklungspsychologie nachweisen konnte, lernen Menschen Fähigkeiten wie Selbstkontrolle, Beharrlichkeit, Optimismus und den Umgang mit den eigenen Emotionen am leichtesten in ihrer Kindheit. Wer diese oft als »life skills« bezeichneten Kompetenzen beherrscht, kann sich regelmäßig bis ins hohe Alter eines höheren subjektiven Wohlbefindens, befriedigenderen Beziehungen und sogar einer allgemein besseren Gesundheit erfreuen.[45] Die besten Schulen haben Programme, in denen die Kinder ihre »life skills«, systematisch trainieren. Eine großangelegte amerikanische Studie an mehr als 270.000 Kindern beschied diesen Bemühungen beachtlichen Erfolg.[46] Die Schüler, die an einem »life skills« Programm teilnahmen, zeigten sich gegenüber einer Vergleichsgruppe emotional stabiler, waren besserer Stimmung und aufgeschlossener für die Bedürfnisse anderer. Auch lagen sie in ihren Schulleistungen vorne – obwohl das Kommunikationstraining, die Unterweisungen zum Protokollieren der eigenen Gefühle und die Übungen in Achtsamkeitsmeditation in der Regel Fachunterricht zum Opfer fielen.

Einen radikalen Weg gehen übrigens die staatlichen finnischen Schulen. Sie richten ihr Hauptaugenmerk während der gesamten Kindergarten- und Grundschulzeit auf die emotionale und soziale Entwicklung der Kinder. Denn die finnischen Lehrer und Erzieher nehmen an, dass sich die Leistungen in den üblichen Schulfächern später von selbst ergeben, wenn einmal das Fundament der »life skills« gelegt ist. Die Spitzenplätze der finnischen Schüler in den bekannten Pisa-Vergleichstests sprechen dafür.

Mittlerweile haben sich entsprechende Lehrgänge auch an deutschen Schulen verbreitet. Aber fast immer beschränken sie sich auf Seminartage, vorzugsweise am Ende des Schuljahrs, wenn die Zeugnisse geschrieben und die Schüler zu beschäftigen sind. Spätestens ein paar Tage nach Ferienbeginn ist die Wirkung des einmaligen Ereignisses verpufft. Wenn »life skill«-Programme einen Effekt haben sollen, müssen sie ein ständiger Bestandteil des Schullebens sein.

In den letzten Jahrzehnten hat sich in Deutschland wie in fast allen Industrieländern die Vorstellung durchgesetzt, dass Bildung vor allem Ausbildung sein soll. Schulen und Hochschulen konzentrieren sich immer mehr darauf, jungen Leuten die Kenntnisse zu vermitteln, die die Wirtschaft von ihren Arbeitskräften verlangt. Eine Gesellschaft, die Wohlbefinden beabsichtigt und misst, tritt dieser Entwicklung entgegen. Sie besteht darauf, dass die jungen Jahre zu wertvoll sind, um seine Interessen auf die Erfordernisse einer Karriere zu verengen.

Die Ökonomie des Glücks verficht den altmodischen Gedanken, dass die Entfaltung menschlicher Möglichkeiten das Bildungsziel sein muss. Schüler und Studenten brauchen den Raum, um ihre sozialen und emotionalen Fähigkeiten auszuprägen, aber auch, um Handwerk und Philosophie, Literatur und Kunst kennenzulernen. Kaum ein Arbeitgeber honoriert diese Erfahrungen mit einem höheren Einstiegsgehalt; trotzdem lohnen sie sich für den Einzelnen sogar ökonomisch. Die Chance, früh seine geistigen Potenziale umfassend zu entwickeln, übersetzt sich nämlich später nicht nur in eine statistisch höhere Lebenszufriedenheit, sondern auch in ein höheres Lebenseinkommen, unter anderem, weil sie über bessere Selbstkontrolle verfügen. Zudem setzen sich Menschen mit überdurchschnittlichen »life skills« häufiger als andere freiwillig für die Gesellschaft ein.[47]

Darum investiert die Ökonomie des Glücks große Summen in Bildung. Sie richtet Kindergärten, Schulen und Hochschulen so ein, dass diese die jungen Menschen nicht nur auf ihre Berufe vorbereiten, sondern, wie es der britische Philosoph A. C. Grayling einmal ausgedrückt hat, »auf das Gastmahl des Lebens«.

Vierte Achse: Werte

Wer ein reiches Leben will, muss dafür bezahlen. Das gilt für jeden Einzelnen, aber ebenso für eine Gesellschaft, die es sich zum Ziel gesetzt hat, ihren Bürgern Chancen zu eröffnen. Je stärker sich die Gesellschaft am Wohlergehen der Menschen orientiert, umso höhere Summen muss sie für Kindergärten und Altenpflege, Lehrer und Therapeuten, Spielplätze und Sportstadien aufwenden. Weil zum Reichtum des Lebens auch geistige Anregung gehört, investiert die Gesellschaft in Konzerthallen, Kunst und astronomische Observatorien. Weil Glück von kaum etwas so abhängt wie von gelingenden Beziehungen, bekommen die Menschen ausreichend Zeit, füreinander da zu sein und sich gemeinsam zu vergnügen. Und weil schließlich auch die Erfahrung des nicht menschlichen Lebens gute Gefühle erzeugt, wird die Natur restauriert.

Alle Mittel, die so das Wohlbefinden der Menschen steigern, werden dem produzierenden Sektor der Wirtschaft entzogen. Das hat durchaus Vorteile. Wenn Menschen Dienste für Menschen leisten, wenn sie ihre Umgebung verschönern, verbrauchen sie erstens sehr viel weniger Ressourcen, als wenn sie sich ständig neue Gegenstände anschaffen. Die Ökonomie des Glücks ist ein ökologischer Segen. Zweitens fällt die Arbeit am Menschen und für die Kultur weniger leicht der Automatisierung zum Opfer wie die in den Fabriken. Und drittens kommt ein Teil der ausgegebenen Summen langfristig doch wieder der Industrie zugute, weil glücklichere und besser ausgebildete Menschen produktivere und einfallsreichere Arbeiter sind.

Aber kurzfristig kann man das Geld, das für das gute Leben aufgewandt wurde, nicht ausgeben, um beispielsweise mit neuen Maschinen die Effizienz von Unternehmen zu steigern. Man kann es auch nicht als Steuergeschenk an die Bürger verteilen, die sich schöne Dinge leisten und damit die Produktion ankurbeln. Wie man es dreht und wendet: Das Wohlergehen hat seinen Preis. Wer Lebenschancen möchte, kann nicht gleichzeitig maximalen Besitz anstreben.

Werden die Menschen bereit sein, diesen Preis zu bezahlen? Die Wirtschaftsdaten geben eine eindeutige Antwort: Ja! Seit Jahren nämlich schichten die Deutschen ihre Ausgaben um. Während ein immer kleinerer Teil des Einkommens in den Konsum von Dingen fließt, wenden wir immer mehr Geld für Dienstleistungen auf, die dem Wohlbefinden zugutekommen. Im ersten Jahrzehnt des neuen Jahrtausends vermehrten sich die privaten Ausgaben für Pflege, soziale Dienste und Bildung um jeweils mehr als 60 Prozent, für Gesundheit um knapp 50 Prozent. Dabei stiegen die Einkommen im selben Zeitraum nur um durchschnittlich knapp 17 Prozent.

Gesundheit, Bildung, Forschung, Kultur und soziale Dienste stehen davor, die produzierende Industrie ökonomisch zu überflügeln. Deutschland, das auf seine Mittelständler so stolz ist und sich von seinen Autokonzernen so abhängig fühlt, verdient heute fast 70 Prozent seines Bruttoinlandsprodukts mit Dienstleistungen. 25 Prozent des Bruttoinlandsprodukts sind soziale Dienstleistungen und solche für Bildung, Wissenschaft und Kultur. Diese Summe liegt jetzt schon in derselben Größenordnung wie der Beitrag der produzierenden Industrie. Und mit jedem Jahr verschieben sich die Gewichte weiter in Richtung der Ökonomie des Glücks.

Schon deswegen ist es an der Zeit, das subjektive Wohlbefinden der Menschen umfassend zu messen – und die Daten in Beziehung zur Entwicklung der Gesellschaft zu setzen. Denn die Ökonomie des Glücks braucht einen Erfolgsausweis. Je schlüssiger sie ihre Wirkung darlegen kann, umso mehr sind die Menschen bereit, in sie zu investieren.

Die Messung des Glücks verändert die Wertvorstellungen der Menschen. Sie eröffnet der Gesellschaft eine Chance, menschliche Beziehungen wieder höher zu schätzen als die Droge Konsum. Vorsichtig optimistisch stimmt ein Versuch von Elizabeth Dunn. Die kanadische Psychologin fragte ihre Probanden, was sie nach ihrer Meinung wohl glücklicher mache: wenn sie sich selbst etwas Schönes kaufen, oder wenn sie dieselbe Summe nutzen, um anderen etwas Gutes zu tun? So gut wie alle Teilnehmer antworteten: Das Erste. Dann aber ließ Dunn ihre Versuchspersonen zufällig in zwei Gruppen aufteilen; die einen bekamen einen größeren Geldschein, um sich selbst etwas davon zu leisten, die anderen dieselbe Summe mit der Aufgabe, andere damit zu erfreuen. Regelmäßig hatte sich die Stimmung der Probanden, die ihr Geld für andere verwendeten, stärker gehoben. Geben macht glücklich.[48]

Menschen sind Egoisten. Aber sie haben eben auch starke altruistische Antriebe, wie nicht nur Dunns Experiment, sondern auch neuropsychologische Untersuchungen zeigen. Doch dieser Motivation und des Glücks, anderen Gutes zu tun, sind wir uns selten bewusst. Einsatz für andere ist oft der einfachste Weg, um die eigene Stimmung zu steigern. Doch er wird nicht gegangen.

Menschen suchen nach dem Glück »wie Betrunkene nach ihren Häusern«, schrieb Voltaire. »Sie wissen, dass sie eines haben, aber nicht, wo.« Wenn Voltaire und die Psychologin Dunn recht haben, kann es nicht schaden, die Torkelnden ein wenig zu stützen.

Eine Ökonomie des Glücks tut genau das. Denn nicht nur macht Geben glücklich, Glück bringt Menschen auch dazu, zu geben. Wenn wir in besserer Stimmung sind, liegt uns das Wohl anderer stärker am Herzen, wie die soziale Neurowissenschaft nachweist.[49] Eine Gesellschaft, die Zufriedenheit will und erreicht, wird zugleich eine weniger verschwenderische und großzügigere sein. Das eigene Glück ohne das Glück von anderen kann es schließlich nicht geben.[50]

Ein gemeinsames Ziel

Die Ökonomie des Glücks liefert das, was unsere zerrissene Gesellschaft am dringendsten braucht – ein gemeinsames Ziel.

Das alte Versprechen, wonach mehr Wohlstand der Weg zum besseren Leben sei, zieht unweigerlich Verteilungskämpfe nach sich. Jeden Euro kann man schließlich nur einmal vergeben. Wer also Wohlbefinden durch Reichtum verheißt, erzeugt unweigerlich Neid. Er nährt zudem die Furcht, dass andere den erkämpften Lebensstandard wieder wegnehmen könnten.

Eine Gesellschaft dagegen, die Wohlbefinden unmittelbar anstrebt, verfolgt ein Ziel, das die Menschen verbindet. Glück ist ein Gut, das Menschen als soziale Wesen miteinander erreichen.

Und Glück als erklärter Zweck allen politischen und wirtschaftlichen Handelns leuchtet jedermann ein. Denn die Aussicht auf Glück ist die stärkste menschliche Motivation. Die deutsche Nationalhymne spricht von ihr, wenn sie Einigkeit und Recht und Freiheit, so wertvoll diese seien, nur Garanten, »Unterpfand«, dieses höchsten Guts nennt. Auch die Gründerväter der Vereinigten Staaten wussten genau, warum sie ihrer Nation in die Wiege »pursuit of happiness« legten. Nichts eignet sich besser, um Menschen unterschiedlichster Herkunft zu einen, als das Versprechen auf gemeinsames Glück.

Wenn Menschen sich auf ihr Wohlbefinden als Ziel ihres Zusammenlebens verständigen, haben sie den ersten, wichtigsten Schritt zu gemeinsamem Handeln getan. Nun gilt es auszumachen, was genau Glück im Zusammenleben bedeutet und wie man es erreicht. Das Verlangen nach Wohlbefinden führt die Menschen aus ihrer Vereinzelung heraus. Das Streben nach Glück ist nicht das Ende der Politik, sondern ihr Gegenstand.

Dieses Ziel haben die westlichen Gesellschaften aus dem Auge verloren. Sie werden aber nur überleben, wenn sie die Frage nach dem guten Leben wiederentdecken. Die Suche nach dem Glück ist nicht mehr privat.

1 TUI Foundation 2017.

2 Foa und Mounk 2017.

3 Die alarmierenden Zahlen lassen sich wohlgemerkt nicht damit erklären, dass Depressionen heute besser diagnostiziert werden als früher. Der Anstieg zeigt sich nämlich auch in Studien, die die ärztlich festgestellten Depressionen gar nicht in Betracht zogen. Damit die Ergebnisse auch nicht durch eine sich möglicherweise ändernde Bedeutung des Begriffs »Depression« verfälscht wurden, wurde dieser nicht abgefragt. Stattdessen sollten die Interviewten darüber Auskunft geben, ob sie schon einmal an Selbstmord gedacht oder über längere Zeit immer wieder aus ihnen unerklärlichen Gründen geweint hätten. Die positiven Antworten werden immer häufiger. Die zunehmende Verbreitung der Depressionen ist also offensichtlich real. Kessler u. a. 2003; Lederbogen u. a. 2011; World Health Organisation 2000.

4 Fowler und Christakis 2008; Hill u. a. 2010; Rosenquist, Fowler und Christakis 2010.

5 Rosenquist, Fowler und Christakis 2010; Greenberg u. a. 2015.

6 Freeman u. a. 2016.

7 Bönke und Lüthen 2014.

8 Stöss 1998.

9 Pokorny 2018.

10 Lepenies 2013.

11 Daten: US Bureau of Economic Analysis, World Values Survey (Lebenszufriedenheit 1998 und 2014). Die Umfrage 2016 stammt von Gallup. Diese Organisation verwendet eine etwas andere Methodik als die World Values Survey, die aber in der Vergangenheit stets auf vergleichbare Ergebnisse führte.

12 Daten: Statistisches Bundesamt.

13 Easterlin, Wang und Wang 2017.

14 Bartolini, Bilancini und Sarracino 2016.

15 OECD 2009.

16 Die Frage, inwieweit Tieren diese Körperreaktionen bewusst werden, ist offen. Daher spricht man allgemeiner von Emotionen. Eine Emotion ist der objektiv messbare Vorläufer eines Gefühls; zu einem Gefühl wird eine Emotion dann, wenn sie bewusst wird.

17 Headey, Muffels und Wagner 2010, 2011.

18 Diener und Seligman 2004; Biswas-Diener, Vittersø und Diener 2009.

19 Kahneman u. a. 2006.

20 Vohs, Mead, und Goode 2006.

21 Vergleiche Klein 2014; Schultz, Dayan und Montague 1997 und darin zitierte Literatur.

22 In Experimenten, die der amerikanische Sozialpsychologe Galen Bodenhausen durchgeführt hat, genügte es, zufällig ausgewählten Versuchspersonen zwei Dutzend Fotos von Luxusgütern vorzulegen: schon berichteten die Probanden vermehrt von Niedergeschlagenheit, Angst und Unzufriedenheit mit sich selbst. Bauer u. a. 2012.

23 Vgl. Nickerson u. a. 2003.

24 Friedman 1962.

25 Siehe z. B. Oswald, Proto und Sgroi 2015 und darin zitierte Literatur.
26 Klein 2014.
27 Tsuji u. a. 2016.
28 Klein 2006 und darin zitierte Literatur.
29 Rilling u. a. 2002.
30 Tabibnia und Lieberman 2007; Tabibnia 2008.
31 Edmans 2011; Edmans, Li und Zhang 2014.
32 Di Tella, MacCulloch und Oswald 2001; Die Tella, MacCulloch und Oswald 2003.
33 Seligman 1979.
34 Seligman 1979.
35 de Jonge u. a. 2000.
36 Bosma u. a. 1997.
37 http://info.worldbank.org/governance/wgi/index.aspx#home.
38 Inglehart u. a. 2008.
39 Porter, Stern und Loria 2013.
40 Veenhoven 2000.
41 Sampson 2012.
42 Inglehart u. a. 2008.
43 Wittchen u. a. 2010.
44 Richter 2015.
45 Steptoe und Wardle 2017.
46 Durlak u. a. 2011.
47 Heckman 2007.
48 Dunn, Aknin und Norton 2008.
49 Klein 2014.
50 Harbaugh, Mayr und Burghart 2007; Dunn, Aknin und Norton 2008.

Literatur

Stefano Bartolini, Ennio Bilancini, Francesco Sarracino, *Social Capital Predicts Happiness over Time: World-Wide Evidence from Time Series*, in: Stefano Bartolini, Ennio Bilancini (Hrsg.), *Policies for Happiness,* Oxford 2016.

M. A. Bauer, J. E. B. Wilkie, J. K. Kim, G. V. Bodenhausen, »Cuing Consumerism: Situational Materialism Undermines Personal and Social Well-Being«, in: *Psychological Science 23* (5) (2012), S. 517–523.

Robert Biswas-Diener, Joar Vittersø, Ed Diener, *Most People Are Pretty Happy, but There Is Cultural Variation: The Inughuit, the Amish, and the Maasai*, in: Ed Diener (Hrsg.), *Culture and Well-Being,* Nr. 38, Dordrecht 2009, S. 245–260.

Timm Bönke, Holger Lüthen, »Lebenseinkommen von Arbeitnehmern in Deutschland: Ungleichheit verdoppelt sich zwischen den Geburtsjahrgängen 1935 und 1972«, in: *DIW Wochenbericht* 49 (2014), S. 1271–1277.

Hans Bosma, Michael G. Marmot, Harry Hemingway u. a., »Low Job Control and Risk of Coronary Heart Disease in Whitehall II (prospective cohort) study«, in: *BMJ* 314 (7080) (1997), S. 558–565.

Rafael Di Tella, Robert J. MacCulloch, Andrew J. Oswald, »Preferences Over Inflation and Unemployment: Evidence from Surveys of Happiness«, in: *The American Economic Review* 91 (1) (2001), S. 335–341.

Ed Diener, Martin E. P. Seligman, »Beyond Money«, in: *Psychological Science in the Public Interest* 5 (1) (2004), S. 1–31.

E. W. Dunn, L. B. Aknin, M. I. Norton, »Spending Money on Others Promotes Happiness«, in: *Science* 319 (5870) (2008), S. 1687–1688.

Joseph A. Durlak, Roger P. Weissberg, Allison B. Dymnicki u. a. »The Impact of Enhancing Students' Social and Emotional Learning: A Meta-Analysis of School-Based Universal Interventions: Social and Emotional Learning«, in: *Child Development* 82 (1) (2011), S. 405–432.

Richard A. Easterlin, Fei Wang, Shun Wang, »Growth and Happiness in China, 1990–2015«, in: *World Happiness Report 2017*, S. 48–83.

Alex Edmans, »Does the Stock Market Fully Value Intangibles? Employee Satisfaction and Equity Prices«, in: *Journal of Financial economics* 101 (3) (2011), S. 621–640.

Alex Edmans, Lucius Li, Chendi Zhang, *Employee Satisfaction, Labor Market Flexibility, and Stock Returns Around the World*, Cambridge 2014.

Roberto Stefan Foa, Yascha Mounk, »The Signs of Deconsolidation«, in: *Journal of Democracy* 28 (1) (2017), S. 5–16.

J. H. Fowler, N. A Christakis, »Dynamic Spread of Happiness in a Large Social Network: Longitudinal Analysis over 20 Years in the Framingham Heart Study«, in: *BMJ* 337 (2008), S. a2338–a2338.

Aislinne Freeman, Stefanos Tyrovolas, Ai Koyanagi u. a., »The Role of Socio-economic Status in Depression: Results from the COURAGE (aging survey in Europe)«, in: *BMC Public Health* 16 (2016).

Milton Friedman, *Capitalism and Freedom*, Chicago 1962.

Paul E. Greenberg, Andree-Anne Fournier, Tammy Sisitsky u. a., »The Economic Burden of Adults With Major Depressive Disorder in the United States (2005 and 2010)«, in: *The Journal of Clinical Psychiatry* 76 (1) (2015), S. 155–162.

W. T. Harbaugh, U. Mayr, D. R. Burghart, »Neural Responses to Taxation and Voluntary Giving Reveal Motives for Charitable Donations«, in: *Science* 316 (5831) (2007), S. 1622–1625.

Bruce Headey, Ruud Muffels, Gert G. Wagner, »Choices Which Change Life Satisfaction: Similar Results For Australia, Britain And Germany«, SOEP papers on Multidisciplinary Panel Data Research 302, DIW Berlin, The German Socio-Economic Panel (SOEP) (2010).

Bruce Headey, R. Muffels, G. G. Wagner, »Long-running German Panel Survey Shows that Personal and Economic Choices, not just Genes, Matter for Happiness«, in: *Proceedings of the National Academy of Sciences* 107 (42) (2010), S. 17922–17926.

James J. Heckman, »The Economics, Technology and Neuroscience of Human Capability Formation«, in: *Proceedings of the National Academy of Sciences* 104 (33) (2007), S. 13250–13255.

A. Hill, D. G. Rand, Martin Nowak, N. A. Christakis, »Emotions as Infectious Diseases in a Large Social Network: The SISa Model«, in: *Proceedings of the Royal Society B* 277 (2010), S. 3827–3835.

Ronald Inglehart, Roberto Foa, Christopher Peterson, Christian Welzel, »Development, Freedom, and Rising Happiness: A Global Perspective (1981–2007)«, in:

Perspectives on Psychological Science 3 (4) (2008), S. 264–285.

Jan de Jonge, Hans Bosma, Richard Peter, Johannes Siegrist, »Job Strain, Effort-reward Imbalance and Employee Well-being: A Large-scale Cross-sectional Study«, in: *Social Science & Medicine* 50 (9) (2000), S. 1317–1327.

D. Kahneman, A. B. Krueger, D. Schkade u. a., »Would You Be Happier if You Were Richer? A Focusing Illusion«, in: *Science* 312 (5782) (2006), S. 1908–1910.

Ronald C. Kessler, Patricia Berglund, Olga Demler u. a., »The Epidemiology of Major Depressive Disorder: Results From the National Comorbidity Survey Replication (NCS-R)«, in: *JAMA* 289 (23) (2003), S. 3095–3105.

Stefan Klein, *Zeit: der Stoff aus dem das Leben ist - eine Gebrauchsanleitung*, Frankfurt a. M 2006.

Stefan Klein, *Die Glücksformel: oder Wie die guten Gefühle entstehen,* Frankfurt a. M 2014.

Florian Lederbogen, Peter Kirsch, Leila Haddad u. a., »City Living and Urban Upbringing Affect Neural Social Stress Processing in Humans«, in: *Nature* 474 (7352) (2011), S. 498–501.

Philipp Lepenies, *Die Macht der einen Zahl: Eine politische Geschichte des Bruttoinlandsprodukts*, Berlin 2013.

C. Nickerson, N. Schwarz, E. Diener, D. Kahneman, »Zeroing in on the dark side of the american dream«, in: *Psychological Science* 14 (6) (2003), S. 531–536.

OECD, *Mehr Ungleichheit trotz Wachstum?,* Paris 2009.

Andrew J. Oswald, Eugenio Proto, Daniel Sgroi, »Happiness and Productivity«, in: *Journal of Labor Economics* 33 (4) (2015), S. 789–822.

Tobias Pfaff, »Das Bruttonationalglück aus ordnungspolitischer Sicht - Eine Analyse des Wirtschafts- und Gesellschaftssystems von Bhutan«, Berlin 2011.

Sabine Pokorny, *Von A wie Angst bis Z wie Zuversicht,* Berlin 2018.

Michael E. Porter, Scott Stern, Roberto Loria, *Social Progress Index 2013,* Washington D. C. 2013.

Rainer Richter, »Psychotherapeutische Versorgung in Deutschland«, Vortrag gehalten auf der 37. Jahrestagung der Deutschen Arbeitsgemeinschaft Selbsthilfegruppen, Berlin 2015.

James K.Rilling, David A. Gutman, Thorsten R. Zeh u. a., »A Neural Basis for Social Cooperation«, in: *Neuron* 35 (2) (2002), S. 395–405.

J. N. Rosenquist, J. H. Fowler, N. A. Christakis, »Social Network Determinants of Depression«, in: *Molecular Psychiatry* 16 (3) (2010), S. 273–281.

Robert J. Sampson, »Moving and the Neighborhood Glass Ceiling«, in: *Science* 337 (6101) (2012), S. 1464–1465.

Wolfram Schultz, Peter Dayan, P. Read Montague, »A Neural Substrate of Prediction and Reward«, in: *Science* 275 (5306) (1997), S. 1593–1599.
Martin E. P. Seligman, *Erlernte Hilflosigkeit*, München 1979.

Andrew Steptoe, Jane Wardle, »Life Skills, Wealth, Health, and Wellbeing in Later Life«, in: *Proceedings of the National Academy of Sciences* 114 (17) (2017), S. 4354–4359.

Richard Stöss, »Unzufriedenheit mit der Demokratie in der Bundesrepublik, Wahlabsicht der Unzufriedenen und ihre Neigung zur Wahl rechtsextremer Parteien bzw. der PDS im Sommer 1998«, in: *Arbeitshefte aus dem Otto-Stammer-Zentrum* (1998). http://www.polsoz.fu-berlin.de/polwiss/forschung/systeme/empsoz/ressourcen/osz/unzufr.pdf.

Golnaz Tabibnia, »Research Article: The Sunny Side of Fairness: Preference for Fairness Activates Reward Circuitry (and Disregarding Unfairness Activates Self-Control Circuitry)«, in: *Psychological Science* 19 (4) (2008), S. 339–347.

Golnaz Tabibnia, Matthew D. Lieberman, »Fairness and Cooperation Are Rewarding: Evidence from Social Cognitive Neuroscience«, in: *Annals of the New York Academy of Sciences* 1118 (1) (2007), S. 90–101.

Rafael Di Tella, Robert J. MacCulloch, Andrew J. Oswald, »The Macroeconomics of Happiness«, in: *Review of Economics and Statistics* 85 (4) (2003), S. 809–827.

Satomi Tsuji, Hisanaga Omori, Kenji Samejima, Kazuo Yano, »Use of Human Big Data to Help Improve Productivity in Service Businesses«, in: *Hitachi Review* 65 (2) (2016), S. 847–852.

TUI Foundation, *Young Europe 2017. What Young Europeans Think About Europe*, Hannover 2017.

Ruut Veenhoven, »Well-being in the Welfare State: Level Not Higher, Distribution Not More Equitable«, in: *Journal of Comparative Policy Analysis: Research and Practice* 2 (1) (2000), S. 91–125.

K. D. Vohs, N. L. Mead, M. R. Goode, »The Psychological

Consequences of Money«, in: *Science* 314 (5802) (2006), S. 1154-1156.

Hans-Ulrich Wittchen, Frank Jacobi, Michael Klose, Livia Ryl, *Depressive Erkrankungen*, Berlin 2010.

World Health Organization, »Cross-National Comparisons of the Prevalences and Correlates of Mental Disorders. WHO International Consortium in Psychiatric Epidemiology«, in: *Bulletin of the WHO* 78 (4) (2000), S. 413-426.

Letztes Abrufdatum sämtlicher Internetquellen: 15. August 2018.

Ökonomien der Zukunft

Dieses Buch ist Teil eines multidisziplinären Diskurses zu den zentralen Fragen unserer Zeit.

Dabei konzentrieren sich unsere Publikationen auf jeweils ein Thema, das aus einer Box mit sieben Büchern besteht.

In sechs zugänglichen Essays geben unsere Autorinnen und Autoren Einblicke in ihre unterschiedlichen Perspektiven. In einem exklusiv der Themenbox hinzugefügten siebten Buch werden Kontroversen und Schnittstellen weitergedacht.

Stefan Klein	Die Ökonomie des Glücks
Mara Catherine Harvey	Women and Risk
Milosz Matuschek **Philipp Mattheis**	Kryptopia
Tobias Werron	Der globale Nationalismus
Winston Ma	Die digitale Seidenstraße: Chinas neue Wachstumsstory
Justus Haucap	Macht, Markt und Wettbewerb: Was steuert die Datenökonomie?
+ Perspektivwechsel	Die Essays zusammen betrachtet

Lektorat: Sebastian Guggolz
Gestaltung und Satz: Huelsenberg Studio, Berlin
Gesetzt aus der Suisse Works und Suisse Int'l
Druck und Bindung: GGP Media GmbH, Pößneck

nicolai-publishing.com
discuss@nicolai-publishing.com

Twitter / Instagram: @nicolaidiscuss

Dieses Buch ist auch als E-Book erhältlich.

Printed in Germany
ISBN 978-3-96476-017-3

Never, never rest contented with any circle of perspectives, but always be certain that a wider one is still possible.

Richard Jefferies